因地制宜，适切教研
——核心素养视角下的初中英语教学策略

巫伟民 ◎ 著

吉林人民出版社

图书在版编目（CIP）数据

因地制宜，适切教研：核心素养视角下的初中英语教学策略 / 巫伟民著. — 长春：吉林人民出版社，2019.12

ISBN 978-7-206-16666-2

Ⅰ.①因… Ⅱ.①巫… Ⅲ.①英语课—教学研究—初中 Ⅳ.①G633.412

中国版本图书馆CIP数据核字（2019）第290653号

因地制宜，适切教研——核心素养视角下的初中英语教学策略

著　　者：巫伟民　　　　封面设计：姜　龙
责任编辑：陈文杰
吉林人民出版社出版发行（长春市人民大街7548号　邮政编码：130022）
印　　刷：北京虎彩文化传播有限公司
开　　本：787mm×1092mm　1/16
印　　张：11　　　　　　　字　　数：198千字
标准书号：ISBN 978-7-206-16666-2
版　　次：2022年6月第1版　　印　　次：2022年6月第1次印刷
定　　价：45.00元
如发现印装质量问题，影响阅读，请与出版社联系调换。

前　言

　　党的十八大提出把立德树人作为教育工作的根本任务，明确强调了教育的本质功能和真正价值，开始从国家层面更加深入系统地考虑"教育要立什么德，树什么人"或者说"教育要培养什么样的人"这一教育最根本的问题。2014年3月，"核心素养"首次出现在教育部印发的《关于全面深化课程改革落实立德树人根本任务的意见》中，开始进入我们的视野。2018年，基于英语学科核心素养的《普通高中英语课程标准（2017年版）》正式颁布，核心素养开始进入课程，走进中小学，中国基础教育已迈入核心素养的新时代。

　　值得一提的是，虽然本次基于核心素养的课程改革是从高中阶段开始，但是我们相信，对学科核心素养的研究和提炼，义务教育其他阶段和高中阶段在出发点和大方向上是一致的。进入2019年，义务教育阶段的《英语课程标准》也拉开了修订的序幕，相信核心素养很快也会出现在新颁布的《义务教育英语课程标准》中。所以，义务教育阶段的英语教师要有超前意识，在英语教学中要以高中阶段的英语学科核心素养为参照，明确英语学科立德树人的根本任务，把英语学科核心素养四个维度的培养作为英语教学的首要目标。

　　2017年1月和10月，笔者很荣幸地被聘请为潮州市和潮安区两级名教师工作室主持人。此后，笔者带领两级工作室的学员共18人对核心素养的内涵和理念进行深入学习，我们主要围绕工作室两个市级课题《核心素养下初中英语阅读课中思维品格的发展策略研究》和《基于核心素养下初中英语阅读课中文化品格的培养策略研究》以及区级课题《初中英语核心素养之语言能力提升的策略研究》开展专项课题研究。希望通过自身的教学实践，借鉴专家的研究理论，探索在农村的初中英语教学中，如何因地制宜，适切教研，把核心素养有机融合到我们的英语教学中，切实塑造学生的必备品格和提升其关键能力。

笔者在课题研究过程中不断实践和总结，同时结合核心素养的理念将近几年撰写的教学论文进行了全面的修改，最终在2019年上半年完成了自己的第一本论著，甚感欣慰。本书以核心素养的培养理念为核心，以人教版初中英语教材为教学实例，围绕核心素养的四个维度展开讨论，重点阐述在初中英语教学实践中如何促进核心素养的全面落实。本书共分为四大部分：第一部分为语言能力篇；第二部分为文化意识篇；第三部分为思维品质篇；第四部分为学习能力篇。

理论与实践相结合是本书的最大亮点，本书的编写注重结合笔者多年的教学实践，力求学以致用。希望本书的出版能为广大英语教师研究新时期核心素养在初中英语教学中的应用策略提供一定的帮助。

在本书的撰写过程中，笔者参阅了大量相关文献，借鉴了许多专家和学者的意见，同时得到了同仁的大力支持，在此向他们表示由衷的感谢。由于笔者学识有限，错误与疏漏之处在所难免，恳请广大读者批评指正。

巫伟民
2019年4月

目 录

1 第一篇 语言能力篇

初中英语阅读后拓展活动的有效设计与反思……………………… 3
形成性评价在提升语言能力方面的实施策略研究………………… 19
适切教研视角下初中英语阅读教学中提升语言能力的实践研究… 40

2 第二篇 文化意识篇

初中英语阅读课中提升文化意识的适切策略研究………………… 55
主题意义引领下的初中英语阅读教学研究………………………… 66

3 第三篇
思维品质篇

初中英语语法复习中思维品质培养的策略研究……………… 83

思维品质培养视角下问题情境教学法在初中英语阅读教学中的
　运用策略………………………………………………………… 97

指向思维品质发展的USE教学模式……………………………… 112

4 第四篇
学习能力篇

初中英语写作教学中同伴互评模式的实践与思考……………… 125

聚焦学习能力培养的初中英语预习作业设计研究……………… 140

旨在提升学习能力的初三英语话题式复习课教学实践与思考… 154

1

第一篇

语言能力篇

　　语言学习作为一种学习活动,是指人在内在因素与外在因素的作用下,通过个人语言实践而实现其获得的语言知识、形成的语言行为或行为潜能以及相关情感态度及价值观等发生变化的活动过程。

——鲁子问

初中英语阅读后拓展活动的有效设计与反思

阅读教学是英语课程教学的重要组成部分。适切的读后拓展活动不但能够充分调动学生学习的积极性，提高他们的英语学习兴趣，挖掘阅读学习潜能，养成自主学习和主动探究的良好习惯，提高阅读教学的效率，而且也能提高学生的语言综合运用能力，培养思维品质。本文从问题分析入手，以人教版初中英语教材中的阅读语篇为案例，阐述了初中英语阅读教学中如何有效设计读后拓展活动，落实英语学科的核心素养，并提出活动实施的建议及反思。

《义务教育英语课程标准（2011年版）》（以下简称《课程标准》）明确指出，以学生能用英语做事情的描述方式设定各级目标要求，各种语言知识的呈现和学习都应从语言使用的角度出发，为提升学生用英语做事情的能力服务。《普通高中英语课程标准（2017年版）》（以下简称《新课标》）也指出，教师应设计具有综合性、关联性和实践性特点的英语学习活动，使学生通过学习理解、应用实践、迁移创新等一系列融语言、文化、思维为一体的活动，发展多元思维和批判性思维，提高英语学习能力和应用能力。要有效实现这一教学目标，每一位英语教师应转变教学观念，改变教学方法，丰富教学策略，创新教学设计，更好地提高英语课堂教学的效率。

语言学习作为一种学习活动，是指人在内在因素与外在因素的作用下，通过个人语言实践而实现其获得的语言知识、形成的语言行为或行为潜能以及相关情感态度及价值观等发生变化的活动过程。阅读教学是英语课程教学的重要组成部分。根据阅读教学理论，阅读过程是一个主动的、语言与思维相互作用的、创造性地学习运用语言的过程。阅读教学不仅要完成传授语言知识、发展学生语言能力的任务，而且要深化课文的内涵并拓展课文的外延，把课文空间延伸到社会生活中去，从而实现知识的有效拓展和迁移，提高阅读教学的效率和质量。初中英语阅读教学可以分为读前（pre-reading）、读中（while-reading）和读后（post-reading）三个阶段。读前活动主要是为了阅读而进行的准备，读中活动是阅读课的主体部分，是学生通过阅读获取信息和语言材料的过程，读后活动是阅读内容的拓展阶段，它是根据所读内容开展一系列评价或应用性的活动。学生通过读后活动，不仅能熟悉和巩固所阅读的文本信息，也能将语言与自身的知识和感受相结合，将知识进行内化和迁移，促进思维的开发，享受思想的碰撞，同时提高语言表达能力。教师在重视读前、读中的教学设计时，也不能忽视在读后阶段设置与主题相关的拓展活动。读后任务的有效设计，在使学生理解文本内容和内化语言知识的基础上，检测读前、读中阶段的教学情况，了解学生对阅读材料的理解程度，巩固前两个阶段的教学效果，提高教学质量；同时，也能提高学生的英语交际能力和语言表达能力，培养学生的各种思维品质，进而通过体验和互动的方式，培养学生的英语学科核心素养。

一、问题分析

笔者近几年有幸担任镇和区英语阅读课方面的教学观摩比赛评委。在观摩过程中，笔者发现一些青年教师在阅读课中能很好地实施PWP英语阅读教学模式，特别是在读前和读中阶段，他们都精心设计了各种各样精彩的任务，包括预测、角色表演、课堂问答等，帮助学生在加深对语篇内容理解的同时，阅读技巧也得到很好的培养。但笔者也发现很多教师在阅读教学的任务设置上往往顾前不顾后，不但不能很好地巩固和强化读前与读中所学的知识，也不能真正地提高学生的综合能力，教学效果大打折扣，值得我们深思。笔者对历年阅读课观摩赛的情况进行了分析和总结，发现在读后拓展活动方面，主要有以下四个问题有待我们探讨并解决。

1. 忽视读后拓展活动的设计

"好的开头是成功的一半"，在这种观念的影响下，有的教师往往把精力放在读前、读中内容的准备上，对读后却不是很在意，直接忽视了读后拓展活动的设计；而有的教师由于对阅读教学的三个阶段理解不透彻，把summary理解为读后活动，敷衍应付，草草结束课堂教学。

比如，有位教师在讲授人教版八年级英语下册Unit 7 Section B的阅读材料Do you think you will have your own robot时，在读前阶段，他通过达人秀中的机器人表演引出语篇主题；在读中阶段，他通过思维导图让学生围绕shape、function和future三方面内容对语篇进行解读，最后是总结和布置作业。这位教师的课堂教学设计明显忽视了读后拓展活动的设计。

2. 拓展活动任务设计流于形式

拓展活动任务设计流于形式，就是说教师在设计拓展活动时没有实质性的内容，只关注开展过程而不在乎开展的结果或效果，停留在形式上，实际意义不大。比如在上面讲到的课例中，有的老师在读后活动中设计了有关there will be的配套练习，机械地操练文本句式，这样的读后活动虽然强化了本单元的语法知识，但不能突出语篇的主题意义，也忽视了学生语言能力的培养。

3. 拓展活动设计与学生实际不吻合

有些教师在读后阶段经常设置分组讨论的任务，但在讨论中常常出现学生沉默不语的情况，讨论活动陷入僵持、沉闷的局面。这是因为教师在设计拓展活动任务时，没有充分考虑学生的需求，没有考虑该活动是否符合学生的实际情况。究其原因，主要有两方面：一是活动难度不当。如果难度过低，学生就会失去讨论的兴趣。如果难度过高，学生就会觉得高不可攀，当然没有参与的热情，采取放弃的态度；二是读后活动任务的选题切口不合适。不是过大就是过泛，让学生从一开始就无所适从，不知从何说起。

比如在上面的课例中，有一位教师在读后活动中设置了design your own robots的拓展活动，这样的活动没有切合农村地区学生的知识水平，他们不知如何入手，这样的读后拓展活动形同虚设，达不到预期的教学目标和效果。

4. 拓展活动设计脱离主题

随着课程改革的不断深入，阅读教学中的读后活动设计越来越受到教师的关注。部分教师在设计任务时，把重心放在活动的"形"上面，不考虑活动的

"神"，即偏重文本的表面、浅层的内容，而忽视文本的内涵，脱离了文本主题，割裂了活动与文本的内在联系。

如人教版八年级英语下册Unit 2 I will help to clean up the city parks的主题意义为"当一名乐于奉献的志愿者"。但有的老师在设计读后拓展活动时，要求学生谈谈在家可以帮助父母做什么家务，虽然该活动能培养学生的语言表达能力及思维品质，但显然这位教师设计的活动脱离了语篇的主题，不能帮助学生强化和巩固对该语篇内涵的理解，从而也就使活动的效果大打折扣。

二、读后拓展活动的设计依据

1. 以学生为主体

义务教育阶段的英语课程力求以教师为主导，以学生为主体。不管在课堂上的任何阶段，教师都不再是一言堂的主将，不能包办代替，而是要努力让学生成为课堂的重心和被关注点，成为教学活动的积极参与者，成为学习的真正主人。因此，在设计读后拓展活动时，教师应该充分了解学生的现有知识水平和发展需求，考虑学生的年龄和心理特点，关注学生的个体差异，遵循语言学习的规律，选择适当的教学方式和方法，把握任务的难度以及活动的形式，帮助学生成功跨越最近发展区，提高学生的综合语言运用能力，让学生从活动中体验学英语的乐趣，培养创新精神。

2. 以主题为依据

读后拓展活动是对阅读内容的延伸和拓展，是一种"基于文本且超越文本"的教学活动方式。不管哪一个语篇，都有其特定的篇章形式、价值观及词汇句式。阅读教学不管在什么阶段、什么环节，都应始终围绕其主题内容开展。脱离了主题的拓展活动，作者和读者之间就很难产生思想碰撞的火花，这样的活动就失去了存在的意义。因此，教师要精心解读教材，围绕语篇主题，找准切入点，用足用透教材，设计并开展"超文本"的读后拓展活动，确保学生的语言输出基于教学主题，基于语言输入，这样才能有效激活学生记忆系统中存储的与主题相关的语言知识和信息，诱发学生的表达欲望，激发学生思维，使他们将阅读材料的内容与他们已有的知识结合起来，有效进行语言输出，在拓展活动中进行体验、感受和思考，既培养其语言表达能力，又发展其创造性的思维能力。

3. 以生活为背景

《课程标准》指出，活动的内容和形式要贴近学生的生活实际，同时要尽可能接近现实生活中语言使用的实际情况，使学生能够理解和掌握目标语言项目的真实意义和用法。"知识源于生活"，教师设置读后拓展活动时，必须符合这一要求。即要尽可能贴近学生的生活，联系学生的生活实际，以学生的生活材料为背景，为学生提供真实的语言情景，让学生学以致用，通过体验、实践、感知、参与等方式，实现"从课本里学，到生活中用"的教学目标，给学生带来亲切的感觉，让学生有话可说，引发其表达的欲望，激发学习热情，让学生在真实的语境中体验学习英语的乐趣，从而使其爱上生活，爱上英语。

三、读后拓展活动的有效设计

在读后环节，读后活动主要分为小结和拓展巩固两种类型。小结型一般采用补全关键词、总结文章大意和复述课文内容等形式，而拓展巩固型主要以小组讨论、辩论、写作等形式为主。读后拓展活动相对于读后小结来说，更有趣味性，对学生更有吸引力。教师可以借助这个环节，为学生再次打造开放型课堂，促使学生全体参与、主动参与，让学生在活动中学习，在学习中体验，在体验中感悟，在感悟中成长。这不仅能帮助学生强化和巩固课本的学习内容，对教材的要点把握得更加准确，更深层次领悟语篇所承载的主题意义，而且也能更好地激活、巩固和扩展学生在读前和读中所输入的语言知识，在潜移默化中提高学生的各种思维能力，促使英语学科核心素养形成。笔者根据读后拓展活动的要求和类型，以人教版Go for it! 的教材为例，结合具体教学案例，对读后拓展活动的有效设计策略进行了探索和实践。

1. 表演型拓展活动

在读后拓展活动中，教师可以有目的地利用或创设具有一定感情色彩的、以具体形象为主体的生活场景，让学生把学过的语言知识运用到这些特定的场景之中。表演型拓展活动是最直观、最具视觉效果、最受学生喜爱的一种读后拓展活动。这种寓教学内容于具体形象的情境教学，是学生学习的一种添加剂，不但能帮助学生更好地理解、掌握教材的基本知识，在实践中更深层次地体验、领悟语篇的主题意义，而且学生通过这个表演平台，将自身的肢体表现、情感态度和语言知识有机结合在一起，从中受到感染和教育，懂得了什么是真善美、什么是假丑恶，从而树立正确的人生观和价值观，培养开拓性思维能力和综合语言能力，促使英语学科核心素养的四个维度得到全面的培养，有效地强化教学效果。

（1）故事表演活动

故事表演活动是一种操作性强，学生喜闻乐见的教学方式。在人教版初中英语教材中，有许多可以用于故事表演的情景和内容。因此，教师可围绕语篇的主题，设计故事表演活动，学生们身临其境于具体的故事场景中，通过对话、动作、表情再现文本内容，理解、体验作者的意图，领悟语篇的主题意义。故事表演活动能充分调动学生的参与热情，激发学生参与表演的积极性，帮助学生养成大方、乐观、自信的开朗性格，又训练了他们准确、清晰的发音，积累更多的词汇，在轻松愉快的气氛中发展了语言口头表达能力，有效提高语言应用能力，从而提高学习效率，巩固教学效果。当然，在故事表演过程中，因为学生不是专业的演员，并且他们中有部分羞于开口，教师要充当导演的角色，根据学生的性格和表演才能分配好角色，并且要有意识地选择一些平时表现欲望比较强的学生来带动其他同学。在表演过程中，教师不要给学生太多的限制，应努力为学生创设愿说、敢说、会说的语言环境，引导学生积极思考，鼓励学生带着自己的理想和想法融入角色中，无拘无束地表达自己的思想，从而促进教学活动的顺利进行，实现既定的教学目标。

案例

教学内容：

人教版九年级英语Unit 4 I used to be afraid of the dark Section B 2b He studies harder than he used to这篇文章讲述了乡村少年李文的成长故事，题材发人深省。该语篇的主题意义在于唤起学生的关爱之心，体会亲情的可贵，理解父母，并且在成长的道路上能够注重心理的健康和成长。

读后拓展活动：

Role-play: Li Wen and his parents

① Group work: Li Wen's parents took a long journey to his school after they knew that their son would leave school. Write a conversation between Li Wen and his parents. Then practice in groups.

② Role-play the conversation in class.

以下为学生编写的剧本：

It was exactly what I needed.

Mother: Dear son! What's up?

Son: I feel very lonely and unhappy all day.

Father: What has happened to you?

Son: I have few friends at school. My life is difficult here. You and Mom left me alone. I miss you all day.

Mother: Oh dear! We miss you, too. We are always thinking of you though we are busy. We almost call your teacher to learn everything about you every day!

Father: And we take pride in everything good you do. Last month, after hearing you won the first prize in the sports meeting, we were so excited that we cried.

Son: Sorry, Mom and Dad! I didn't think you care about me so much. Now I understand your love. I know you work hard to give me a better life. This is exactly what I need. I will study harder than before.

（设计意图：故事表演活动紧扣文章的主题，学生在表演中运用了语篇的语言知识，加深和巩固了对语篇知识的理解和运用；因为这段对话没有固定的答案，学生必须依据读前和读中的语言输入以及语篇主题意义进行语言编造，因此，学生的想象力、语言表达能力和其他各种思维能力也得到充分的培养；同时，在表演过程中，学生揣摩了人物的内心活动，运用了丰富的肢体语言，把父母对孩子的关爱之情表演得惟妙惟肖，在演绎中进一步体会语篇的主题意义，明白亲情的可贵，理解父母的苦心，从而养成努力学习、自立、自强的良好品质。）

（2）现场采访活动

传统课堂的基本模式是"老师讲、学生听""老师问、学生答"，学生在课堂上提问题的机会不多，在学习中相对比较被动，自主性、主动性和独立性不强。而适当的读后课堂现场采访可以弥补这方面的不足。一方面经过前面两个环节的学习和知识积累，学生对文本中的词汇、语法和主题意义已经有了比较全面的了解，已积累了一定的语言知识；另一方面，经过深入了解文本，学生可能会产生一些疑问，需要老师或同学帮助解答。因此，教师可以让有疑问的同学在课余时间先准备好采访的内容；接着让英语科代表将它们集中起来，与班长、学习委员一起筛选出两三个最具有代表性的问题，请全班同学思考；最后，教师在读后阶段安排一些时间，让问题的"主人"作为记者，对老师或者同学进行现场采访。这样的采访活动，不但能激发学生的参与热情，提高思考的自觉性和主动性，加深学生对语篇知识的理解和应用，产生学习语言的动力，使课堂真正动起来，而且也能增强他们的荣誉感和主人翁意识，培养创新精神，提高语言表达能力和思维能力。

案例

教学内容：

人教版九年级英语Unit 1 How can we become good learners Section B 2b How can you become a successful learner的阅读语篇。这篇文章主要讲述成功学习者通常具备的四种学习习惯，引导学生养成积极的学习态度，结合自身实际选择有效的学习方法，以获取学业上的成功。

读后拓展活动：

Interview: How to solve the problems in studying English?

① Group work: Six in groups. Discuss the problems that most students meet in studying English.

② Interview: The students who have problems work as journalists in front of the whole class. Ask the questions and the others including the teacher work as the ones who are interviewed. Answer the questions if you are wanted.

（设计意图：现场采访活动的设置拉近了学生之间、师生之间的距离，激发了学生参与活动的积极性，学生不仅进一步熟悉和巩固所学语言知识，解决学习中遇到的困惑，而且促进了思维的发展，提升了语言的综合运用能力。）

2. 讨论型拓展活动

讨论是阅读输出的重要形式，是在阅读教学中培养学生逻辑性思维和发散性思维能力的主要途径，它是培养学生用英语思考和表达的有效途径之一。在读后拓展活动设计中，教师可首先选择一些观点性比较强，有思想内容可挖掘，又符合学生的认知水平，贴近学生的生活的文本内容，接着在文本主题意义的引领下，确定学生共同关心的，可能引起争议的议题，组织学生进行小组交流讨论或者正反双方进行辩论。讨论型拓展活动为学生们提供一个展示自我的机会，激发学生的参与热情，让他们积极表达各自的想法和观点，在运用前面学过的语言知识的基础上，不断升华语篇的主题意义，让他们明白事物都有两面性，要用客观的眼光和心态看待事物，使学生在潜移默化中升华情感，树立正确的人生观和价值观，真正实现英语学科的育人价值，提高学习效率。在活动中，教师应做到：引导学生尽量用完整的句子回答，有效提高学生的语言表达能力；鼓励不同的声音和思想，培养学生的批判性思维能力、逻辑思维能力和创新思维能力；尊重学生，不要过多干预学生陈述，努力营造民主、和谐的课堂氛围，培养学生的平等意识，提高学生自信心等。当然，在这个环节当中，教师也要注意对学生进行正确引导，及时点拨，避免出现输入内容与语言输出不一致的辩论活动。

案例

教学内容：

人教版八年级英语下册Unit 3 Could you please clean your room Section B 2b 的阅读语篇。这篇文章从家长的角度出发，针对学业负担日趋加重，孩子是否应承担家务劳动这一话题展开讨论。

读后拓展活动：

Debate: Children should do some chores at home.

（1）Divide the class into two big groups. One group stands for the right side and the other stands for the wrong side.

（2）A big group is divided into several small groups. Discuss the topic and write down the useful points.

（3）Debate.

下面为正反双方在辩论活动中陈述的部分有代表性的观点。

▪ The right side ▪

Children should do chores at home.

Though they have to do homework, they must plan their time well.

Doing chores helps to develop their independence and teaches them how to look after themselves.

Our parents are always busy. So it's unfair to let them do chores alone.

▪ The wrong side ▪

I don't think so.

Kids have much stress from school.

They have much homework to do and have no time to do chores.

They can do chores when they grow up, so we don't worry.

Their task is to study. If they can get good grades, their parents will be willing to do all the chores.

（设计意图：辩论活动能激活学生读前和读中环节储存的语言知识和信息，有意识地训练学生的思辨能力，锻炼他们的批判性思维，发展他们的创造性思维能力。在活动过程中，学生的语言表达能力以及文化意识得到了很好的

培养。）

3. 结尾型拓展活动

结尾型拓展活动比较适合没有给出明确结局的故事性文本，它要求学生在熟读文本以及整体把握文本的基础上，深刻领悟语篇的主题意义，摸透故事中人物的心理特征以及故事情节之间的关联，然后再根据故事情节的发展或人物的心理变化，发挥想象，写出故事的结局。好奇是人的天性，是社会发展的内在动力之一，因为有了好奇心，人们才不断地去探索，不断地去发明、创造，从而不断取得进步。而初中学生正处于思维活跃、想象力丰富的青春阶段，对未知的事物有很强的好奇心，他们一旦对文本故事的未知结局有兴趣，他们的大脑就容易形成兴奋中心，对故事接下来会发生什么进行大胆的预测，就有可能想象出既合理又独特的故事结尾，给老师和同学们带来不同的惊喜。因此，作为教师应积极发挥好奇心在教学中的作用，努力调动学生的参与热情，鼓励他们标新立异，广开思路，发挥自己的想象，进行独立的构思和合理的联想。在构思和联想中，学生不但训练和运用了学过的语言知识，加深对语篇知识和主题意义的深层次理解，而且提高语言综合运用能力，培养逻辑性思维能力、多维想象能力以及创新能力，树立正确的人生观和价值观。

教学内容：

人教版九年级英语Unit 11 Section A 3a The shirt of a happy man（Part 1）的阅读语篇。这篇文章讲述了一个关于寻找幸福的寓言故事，该故事没有给出明确的结局，给了学生想象的空间。

读后拓展活动：

Add an ending: The rest of the story about the unhappy king.

（1）Read the story carefully and then think about a possible ending for the unhappy king.

（2）Four in groups. You can discuss your ideas with your group first. Then add an ending for the story.

（3）Show your imaginative endings to the whole class.

（设计意图：在读后环节设置结尾型拓展活动，就是利用本语篇没有给出明确的结尾，为学生制造悬念，引起学生的好奇心和学习兴趣。学生在续尾活动中，加深了对语篇主题意义的理解，锻炼了逻辑思维与推断能力。同时，在教师的适当引导下，其正确认识了幸福的真实内涵，树立正确的人生观。）

4. 写作型拓展活动

写作型拓展活动是一种围绕语篇主题意义而展开的书信、电子邮件、日记、改编文本等多种写作形式的语言输出活动，旨在培养学生的认知能力、思维品质、语言能力等。写作是一个高度复杂的思维过程，作为一种交际能力，它不像口头表达那样可通过表情、手势、重复等手段帮助表达思想。它需借助纯语言手段组织段落，考虑逻辑结构，使之条理清楚。因此，在读后环节设置写作型拓展活动，能促使学生运用语篇的语言知识解决生活中的实际问题，巩固读前和读中阶段的语言输入材料，从而激活学生的大脑思维，培养学生的创造性思维能力，同时，提高语言表达能力。

案例

教学内容：

人教版八年级下册Unit 4 Why don't you talk to your parents Section B 2b Maybe you should learn to relax这篇文章介绍一些中国父母和美国父母对孩子业余活动和课外学习的安排以及想法，学生通过对比，发现和感受中西方文化的差异。

读后拓展活动：

Write a letter to a newspaper: My opinion on after-school classes for children.

（1）Discuss in groups. You can use the expressions to help you.

① First, say whether you agree or disagree.

② Then, explain why.

In my opinion, it is important for children/parents to...

I believe it is better if children/parents... so that...

Perhaps children/parents should...

If children..., they will...

（2）Write your own letter.

（3）Show your opinion in front of the whole class.

下面为一个学生给出的观点。

Dear Editor,

  I don't really agree with after-school classes for children. I think children should have a free childhood. In my opinion, it's important for children to have much time to play. I believe it is better if parents can understand their children's hobbies first so that they will not force their kids to take the classes that they aren't interested in.

  Perhaps parents should let their kids decide for themselves. If children are allowed to choose their own hobbies, they will be happy.

Yours,
×××

  （设计意图：读后拓展活动以写作的形式出现，可以帮助学生巩固读前和读中阶段的语言输入材料，促使学生运用语篇的语言知识解决生活中的实际问题，培养了学生的创造性思维能力，提高了语言表达能力。教师在阅读学生的书信过程中，应适时对学生进行正面的引导，让学生明白适当参加自己感兴趣的课外活动是很有必要的，帮助他们养成积极的生活态度，并树立正确的价值观。）

四、读后拓展活动的反思

  读后拓展活动的设计和组织是阅读教学的一个重要组成部分。通过教师精心设计的拓展活动，学生不再只为了完成几道选择题，判断几个句子的正误，回答几个简单的问题而阅读。相反，学生通过各种形式的拓展活动，将文本的语言知识进行内化和迁移，享受不同思想所碰撞出的火花，促进各种思维能力的开发，提高语言表达能力，树立正确的人生观和价值观。对于读后拓展活动的设计，笔者有下列几点反思：

1. 关注育人目标

自《课程标准》和《新课标》正式颁布以来，培养学生的英语学科核心素养已经引起了越来越多英语教育工作者的关注。因此，读后拓展活动的设计要关注英语学科的育人目标，在培养学生各种品质和能力的同时，更要帮助学生树立正确的价值观。比如在开展读后辩论拓展活动时，教师应及时对学生进行适当的点拨和正确的引导，纠正学生的错误价值取向，实现英语学科育人价值的培养目标。

2. 紧扣语篇内容

阅读作为一种基本的语言输入方式，其最终目的是为了语言输出。因此，设计读后活动的一项原则是要紧扣教学目标和教学重点。在读后拓展活动设计中，教师不能脱离文本，应充分考虑语篇的教学目标，考虑教学的重点、难点。否则，设计的活动就会偏离文本主题，偏离本节课的语言输入内容，从而导致核心语言知识的教学没有落实，学生的语言能力也得不到有效的培养。

3. 单元整体教学设计

人教版Go for it! 初中英语教材每一个单元都有一个完整的话题，各板块都围绕这一话题安排各项教学内容，各个单元成为一个有机的整体，相辅相成。因此，在设计读后拓展任务时，教师要明确各单元的教学目标、重点和难点，把握文本与整个单元话题的关系，进行单元整体教学设计。与传统的碎片化教学模式相比，单元整体教学更具有优势，它有助于学生系统地把握整个单元的内容和主题意义。比如，人教版九年级英语Unit 10，本单元的话题为"各国习俗"，一位教师在设计 You are supposed to shake hands Section B的读后拓展活动时，设计了How to protect our environment的讨论话题，脱离了本单元的主题，忽视了单元整体教学设计，因此没有达到预期的教学效果。

4. 关注教学实效

读后拓展活动是一种"基于文本但超越文本"的阅读延伸活动，它不是机械地操练语篇内容，也不是以培养考试能力为目标。因此，教师在设计读后拓展任务时，应找准切入点，要以培养学生的能力为目标，活动设计的难度既不应低于课文文本，又不能高于文本太多，也不能远超学生的实际水平，而是要让学生经过努力之后就能跨越最近发展区。这样的读后拓展活动才能诱发学生表达的欲望，激活他们的思维，才能真正促使学生在活动中体验、思考和领悟，将知识进行内化和迁移，从而提高阅读教学的实效性。否则，拓展活动就会流于形式，起不到发展学生语言能力的作用，还会抑制学生的学习动机，挫伤其学习积极性。

五、结语

综上所述，在读后拓展活动设计中，教师应尽量考虑学生的学情，围绕语篇主题意义，创设真实的语境和情景，设计出能促使学生积极参与思考和探究，适切的、类型多样的读后拓展活动。教师还可以把各种类型的活动互相转换，交替使用，使学生产生新鲜感，从而保持参加活动的兴趣。比如，可把结尾型拓展活动转换为写作型拓展活动，编写一个故事的结尾；而写作型拓展活动可以转换为口头表达活动，让学生口头陈述自己撰写的文章内容；把辩论型活动变为以书面的形式表达看法或阐述理由等。

实践证明，适切的读后拓展活动，能帮助学生巩固所学语言知识，促进学生思维品质的发展，锻炼逻辑性思维、批判性思维和创造性思维能力，提高学生的语言综合运用能力，提高人文素养，最终全面落实英语学科的核心素养教学目标。

参考文献

［1］中华人民共和国教育部. 义务教育英语课程标准（2011年版）［M］. 北京：北京师范大学出版社，2012.

［2］中华人民共和国教育部. 普通高中英语课程标准（2017年版）［M］. 北京：人民教育出版社，2018.

［3］鲁子问. 英语教学论［M］. 上海：华东师范大学出版社，2009.

［4］杨连瑞，伊洪山. 发展中的第二语言习得研究［J］. 现代外语，2005（2）：181–192.

［5］朱萍. 初中英语阅读教学设计［M］. 上海：上海教育出版社，2013.

［6］高瑞. 英语阅读教学的问题设计策略［J］. 中小学外语教学（中学篇），2011（11）：13-17.

［7］戴军熔，郑春红，朱雯，等. 英语阅读教学中的读后活动：设计与实施［M］. 杭州：浙江大学出版社，2011.

［8］王振. 读后阶段拓展阅读活动探究［J］. 中小学外语教学（中学篇），2018（6）：41-43.

［9］中华人民共和国教育部. 义务教育课程标准实验教科书·英语（Go for it!）九年全一册［M］. 北京：人民教育出版社，2013.

形成性评价在提升语言能力方面的实施策略研究

形成性评价是一种持续性评价。在这个过程中，教师不断从学生的学习活动中得到反馈，及时调节，使计划、方案不断完善，以便顺利达到预期目的。本文从研究背景入手，分析了形成性评价的实施意义和原则。结合人教版九年级英语的课例，阐述了在初中英语教学过程中，运用形成性评价提升学生语言能力方面的实施策略。从实施效果中我们可以发现，在英语教学中运用形成性评价，不但提升学生的语言能力，而且全面培养学生的英语学科核心素养，促进立德树人培养目标的有效实现。

教学评价是教学的一个重要环节，它不但为教师及时调整教学进度和内容，改变教学方法，改进教学管理提供依据，还能促进学生调整学习策略，改进学习方法，提高学习效率。可以这样说，教学评价是教学的基本组成部分之一，对教与学起着极为重要的导向、督促、激励、调控和发展作用，不仅是检验教学质量的一个重要手段，而且是促进教师专业发展，学生健康成长的重要方法。它在整个英语教学质量保障体系中扮演着相当重要的角色，是教育改革推进中的关键。自从《新课标》实施以来，广大教育工作者和研究者都对评价进行了大量深入的研究和尝试，并且取得了积极的进展，出现了一些新颖的评价方式，如成长记录袋、表现性评价、形成性评价、发展性评价等，这些都属于持续性评价，重点在学生的学习过程，与传统重视学生最终学习结果的终结性评价有着很大的区别。

因地制宜，适切教研
——核心素养视角下的初中英语教学策略

《新课标》指出，语言能力指在社会情境中，以听、说、读、看、写等方式理解和表达意义的能力，以及在学习和使用语言的过程中形成的语言意识和语感。英语语言能力是英语学科素养的核心，它的提高是一个循序渐进的过程。形成性评价重点关注学生提升语言能力的过程，有利于培养学生的学习兴趣，端正学习态度，长期保持学习热情；有助于学生掌握更多、更扎实的语言知识，培养语言技能，提高语言理解和运用能力，并在运用当中实现语言的自由表达。随着评价的不断深入，其也有助于文化意识、思维品质和学习能力的全面提升，最终促进英语学科核心素养四个维度的全面落实。

显然，传统的终结性评价已不能适应新时期英语学科的培养目标。在核心素养培养的视角下，在英语的教学评价中运用形成性评价，关注学生的学习过程，可促进学生的语言能力在各种具有针对性的活动中得到有效的提升。

一、形成性评价的实施背景

自《新课标》实施以来，中小学英语教师顺应新时代英语教学的新趋势，在形成性评价方面进行了大量的尝试，并且取得了可喜的成绩。但必须承认的是，由于各种主客观原因，有些教师在形成性评价的认识上存在模糊甚至偏颇之处，在实施环节出现了一些亟待解决的问题。这些问题阻碍了英语语言能力培养目标的有效达成，已跟不上时代发展的步伐。为了切实推动我校英语教学水平的提高，研究核心素养视角下形成性评价在提升语言能力方面的有效实施策略，笔者对我校50名学生进行为期一年的实验研究，以期总结出有效的培养策略。笔者在研究之初对实验班级50名学生进行了关于英语教学评价体系现状的问卷调查，以期帮助教师及时发现教学过程中存在的具体问题并加以改进，改善学生的学习方式，切实提高学生的语言能力，促进学生全面发展，落实立德树人的教育目标。下面为实验初期的问卷调查结果分析（见图1）。

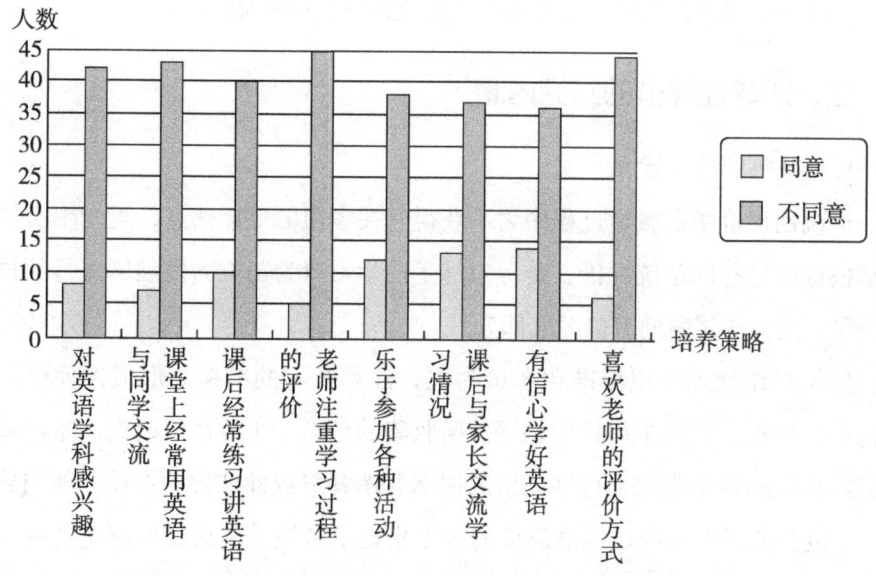

图1 英语教学评价体系现状问卷调查结果（实验初期）

从问卷调查结果可以看出，尽管越来越多的教师在英语教学中已经尝试使用了形成性评价，但是实施效果不尽人意。在中高考"指挥棒"以及传统教育思想的共同影响下，还有相当多的教师在英语教学中仍然以终结性评价为主，他们侧重于评价的甄别、筛选和批判性功能，不重视对学生学习和实践过程的评价。他们过度追求学业成绩，在教学任务的设计中仅以《考纲》为依据，不仅不考虑学生的具体学情，没有充分调动学生学习英语的积极性，使学生逐渐失去了学习英语的兴趣和动力，而且也不重视语境的创设，没有为学生提供一个交流互动和展示自我的舞台，忽视对学生语言理解和运用能力的培养，这不利于学生英语学科其他能力和品质的培养，阻碍了学生的全面发展，不能全面达成英语学科核心素养的培养目标。

美国学者斯塔费尔比姆认为："评价最重要的意图不是为了证明，而是为了改进。"为此，在初中英语教学中，笔者尝试运用形成性评价，在关注学生学习结果的同时，更关注对学生学习过程的评价，旨在发现英语语言能力培养过程中存在的具体问题并及时调整和改进，在丰富语言知识，提高语言理解能力，发展语言技能的同时，促使英语学科核心素养四大要素得以养成，从而促进学生的全面发展，为学生的可持续发展奠定坚实的基础。

二、形成性评价的实施内涵

1. 形成性评价的定义

形成性评价指在教学过程中为了获得有关学习的反馈信息，对学生所学知识掌握程度进行的系统评价，是针对学生的学习行为与能力发展所进行的过程性评价，是教学过程的有机组成部分。

传统终结性评价以标准化考试为主，注重学习的结果。形成性评价是一种持续性评价，它的本质特点是评价所收集的信息，主要用于改进。布卢姆等人曾经用恒温器来类比形成性评价的内涵并阐释形成性评价的本质。他们分析道："恒温器根据与既定标准温度的关系来记录室温，其后随即制定各种改正程序，即打开或者关闭火炉或者空调，直到室温达到既定的标准温度为止。因此恒温器能提供反馈与各种改正办法，直到室温达到所需要的温度为止。"形成性评价的作用就像恒温器一样，它不是简单记录平时作业或小测验的成绩，而是重点关注学生学习的过程。既要教师全面、深入地分析学生的平时作业和测验，又要观察和关注学生的课内外活动；既要看到学生学习的进步，肯定学生的成绩，又要关注学生学习过程中存在的问题，帮助学生及时分析原因，寻找改进的办法，促进学生的全面发展。

2. 形成性评价的价值

许多学者都对形成性评价进行过深入的研究，他们一致认为形成性评价对英语学习改进具有实质性的积极促进作用，具有诊断促进、反馈激励、反思总结、记录成长等作用。通过形成性评价，教师可及时了解学生学习过程中存在的不足，了解教学尚未达成的目标，通过分析和反思，不断改进方法和完善教学任务的设计，调整教学内容和改进教学管理，促进英语学科核心素养的全面落实。

（1）激励学生努力学习，不断提升自我

形成性评价强调学习评价的过程，它更关注学生的学习过程，强调以学生评价为主体，多方评价相结合，使评价真正起到促进学生自我建构知识，自我建构能力，自我实现目标的作用。因此，通过形成性评价，同伴、老师以及家长等能够及时了解学生学习过程中存在的问题以及学习需求，对学生的学习情况进行有效的诊断，适时评判学生是否已达成教学目标的程度，识别学生学习中的优势及不足。在此过程中，不同类型的评价者依据一定的评价标准对学生的发展状况做出客观描述，并以科学、恰当、建设性的方式将评价结果反馈给学生，并提出有益的改进建议，帮助学生及时总结学习过程中的经验与教训。通过形成性评价，促使学生亲身体验，深刻反思，从而不断完善自我、提升自我。一方面，在形成性评价中，学生要用自己的感官、自己的意愿感受生活，体验自己的成长历程，享受获取知识、发现并解决问题的喜悦，培养和激发学习的积极性和自信心，不断激励自己进步与发展，并且在学习活动中努力展示自我，勇攀高峰；另一方面，学生从同伴、教师与家长的评价中发现自己的不足，调整自己的学习策略，在改进中不断提升和完善自己，提高各方面素质，促进自身健康成长。

（2）促进策略调整，使之更加适切教学

形成性评价是一种持续性的评价方式，教师由原来关注学生的学习结果到现在更加关注学生的学习过程，由原来关注终结性成绩到现在关注每一个阶段的学习效果。因此，它能够帮助教师了解当前学生所掌握的语言知识和语言能力，知道学生学会了什么，没有学会什么，并且根据实际情况修改和计划未来的课程。也就是说，教师首先通过对学生学习情况的记录、分析，全面了解学生掌握语言知识的情况以及学生的情感、态度、价值观。接着教师可以依据自己所掌握的实际情况以及学生的反馈情况"对症下药"，制定更适切的教学方法，及时调整教学策略和设计方案，做到因材施教，适切教学，让学生更加主动积极参与到各项活动中来，在活动中不断提升自己的语言能力及综合素养，促进教学目标的有效达成，最终提高英语学习成绩，落实英语学科的核心素养。

（3）关注语言能力，落实学科素养

通过形成性评价，学生不断建构新概念、建构新思维，逐步培养运用英语进行独立思考、创新思维的能力。不同类型的评价量表促使学生积极参加到各种语言实践活动中，在不同的真实语境中通过口语和书面语表达意义，培养学生在学习和使用语言的过程中形成语言意识和语感，不断提升语言表达能力。在与同学、教师和家长的交流中，学生的学习能力、情感态度和合作意识也得到了培养。在实践、比较和反思中，学生学会更加专注地学习，养成良好的学习习惯，逐步树立正确的文化意识，形成正确的价值观，从而促进英语学科核心素养的全面落实。

3. 运用形成性评价提升语言能力的理论依据

迈克尔·斯克里文于1996年首先提出形成性评价的概念，之后布鲁姆将这一概念引入教育领域。21世纪，形成性评价得到迅速发展，许多学者和专家将形成性评价作为提高教学质量的评估方式和手段。由于形成性评价在促进教学目标达成以及教学效率提升方面的明显效果，教育部于2001年和2011年颁布的各学科课程标准中，几乎都在"评价建议"部分倡导教师在学习评价实践中加强形成性评价的运用。

《课程标准》指出，英语课程评价体系要有利于促进学生综合语言运用能力的发展，要通过采用多元化的评价方式，评价学生综合语言运用能力的发展水平，日常教学中的评价以形成性评价为主，关注学生在学习过程中的表现和进步。《普通高中英语课程标准》中也提出在英语教学中应以形成性评价为主。《新课标》明确指出，评价应聚焦并促进学生英语学科核心素养的形成及发展，重视评价的促学作用，关注学生在英语学习过程中所表现出的情感态度和价值观等要素。

自从《新课标》实施以来，形成性评价越来越受到国内学者和教育工作者的关注，他们通过大量研究和实践证明，形成性评价不仅能检验学生的学习结果，更有助于学生发现教学环节中出现的问题，提升改进的方向，增强学生学习的自信心，全面培养学生的英语学科核心素养。英语学科的核心素养包括语言能力、思维品质、文化意识和学习能力四个维度。其中，语言能力是用语言做事的能力，涉及语言知识、语言意识和语感、语言技能、交际策略等。在英语学科核心素养四大维度中，语言能力是基础，语言能力的提高蕴含文化意识、思维品质和学习能力的提升。为此，在英语教学中运用形成性评价，不但能有效提升学生的语言能力，而且也能促进英语学科核心素养在英语教学中得到全面落实，促进学生全面健康发展。

4. 运用形成性评价提升语言能力的实施原则

（1）主体性原则

新课程改革所倡导的教学理念是"以人为本，以学生为中心"，学生在学习中发挥主体作用，是学习的真正主人。同样，学生在教学评价中，既是评价的对象，也是评价的主体。而在以往的终结性评价中，教师忽视了学生在评价中的主体地位，忽视学生的自我评价和相互评价，扼杀了学生的参与热情，不符合现行课程标准的培养理念。因此，教师应尊重学生的个体地位，关注学生在学习过程中综合语言运用能力的发展状况以及情感态度、价值观念、学习策略等方面的发展和变化，树立以学生为主体的评价观念，不断完善评价机制，采取有效的评价措施支持和激励学生自主学习，促进学生语言能力等核心素养的全面提升。

教师在实际的教学评价中要对学生的学习行为、在学习过程中的反应和学习结果等做出客观、公正的评价，就必须重视学生的自我评价和同伴的相互评价，激发学生的参与热情，增强其主人翁意识。在评价之前，教师要制订一定的评价标准，这一标准要以促进学生的全面发展为目的。评价标准要考虑学生的各种差异，包括不同的个性特征、不同的兴趣爱好、不同的需要。同时要考虑学生在知识、智力、能力、情感因素等方面也存在不同，而不能采用统一的评价方式评价所有的学生。教师应在评价之前把评价要求告诉学生，让学生有一定的心理准备，使他们一开始就意识到自己既是评价者，又是被评价者，让他们成为评价的积极参与者和主动的合作者。学生依据一定的评价标准对自身进行评价，促使他们有据可依，及时发现自身学习过程存在的问题，使培养目标更加有针对性和明确性。在评价同伴的过程中，学生亲身体验到别人的长处以及自己存在的差距。这将促使他们积极完善自己，不断挑战自我。而且在评价过程中，同龄人的评价及建议学生更容易并乐意接受，同时还培养同学之间的友谊。

（2）过程性原则

形成性评价又被称为过程性评价，是在教学过程中进行的评价，是为在教学过程中对学生学习结果和教师教学效果采用的评价方式。以往的终结性评价只考查学生在某一阶段掌握知识的多少，忽视对学生的学习过程的评价。形成性评价关注的是学生的学习过程，它贯穿学生学习的全过程，尤其关注学生在学习过程中的行为表现。关注学习过程是改善学生学习，促进学生发展的重要手段。因此，教师应关注学生的学习过程，有意识地借助各种语境，让学生在实践中理解和运用语言，形成语言意识和语感，最终提升语言能力。教师要有意识地对教学活动进行监控、反思，及时发现教学环节中存在的问题，适时修改或调整教学计划，改变教学方法，使教学活动更有针对性，朝着更加健康的方向发展，力争达到最佳的教学效果。

（3）真实性原则

真实性原则指评价必须设置语境，通过让学生完成现实生活中可能出现的任务评价学生的知识、技能和综合素质。形成性评价中完成任务的过程就是学生获取知识和提高能力的过程，它能真实地反映学生的进步情况，使学生在学习过程中受到激励，增强自信心和成就感，形成持续的动力，从而促进学生健康发展。因此，教师设计的评价内容应贴近学生的生活实际，符合学生的认知水平和生活经验，要尽可能设置真实的语境任务，促使学生把语言知识运用到实际生活中，在实践中逐步实现语言知识的内化，使学生能够在评价活动中理解和掌握目标语言的真实意义和用法，这也有助于培养用英语做事情的能力。同时，在真实的语境中，学生依据评价标准进行自评和互评，表达个人的观点和感受，不断反思和改进，切实提升实际语言运用的能力，使评价真正起到促进学生自我能力建构和自主发展的作用。

三、形成性评价在提升语言能力方面的实施策略

1. 评价主体多元化

在传统的教学评价中，学生是评价的客体，教师是评价活动的唯一主体，这样的评价有着较大的主观性和片面性，这大大地扼杀学生的参与热情，不能调动学生的学习积极性。《课程标准》指出，在设计和实施评价的过程中，教师应根据各阶段教学特点与评价目的，充分考虑学生的年龄心理特征及认知水

平，选用合理多样的评价方式，如自我评价、同伴评价、家长评价、教师评价等。要健全教师、学生及家长共同参与的评价机制，教师、学生本人及同学、家长要承担一定的评价任务，学生是评价的主体，教师负责统筹、协调。只有通过多方的评价，才能比较客观、公正、准确地评价学生，评价结果才能更真实、有效。学生在参与评价的过程中，也才能正确认识自己，用全面、发展的眼光看自己，才能不断体验自己的进步和成功，培养和激发学习英语的自信心和积极性，提升语言的综合运用能力，促进自身健康成长。

下面，笔者结合自身的教学实践，谈谈在初中英语教学中如何以单元为板块，运用形成性评价，借助多元化的评价主体提升学生的语言能力，落实立德树人的教育目标。

（1）学生自评

学生自评是指学生参照评价指标体系对自己的活动状况及发展状况进行自我评定，学生自评的过程实际上就是学生自我认识、自我分析、自我提高的过程。学生自评是实现学生主体性原则的方式之一，可以用于各个时段的评价以及各种评价活动。心理学的有关研究显示，一旦人们有了自我评价，就会努力确证他们的自我概念。学生通过自我评价不断自我反思，自我验证，正确认识自己，及时发现自己存在的问题，包括是否能掌握课本中的所有词汇，能否大声朗读出来，而且发音准确；是否理解语篇知识；是否认真听同伴的发言，与同伴交流，提高语言的表达能力等。同时，对自己存在的问题加以改正，形成有效的、符合个性特征的学习方式，为自我发展提供动力，使自身的发展更加完善。在组织学生进行自评时，必须有一定的评价标准，使评价活动有的放矢。这就要求教师在组织评价活动之前，应该根据本班学生的实际情况以及教学目标和教学任务设计《评价量表》，以便学生在自评时有据可依，从而有效促使学生在平时的学习活动中完成各项任务，切实提升语言能力。下面为笔者设计的《评价量表》（见表1）。

表1 英语科学习表现评价量表

Grade:	Name:		Partner:	
Unit:		Title:		
Item	Your behavior	Self-evaluation（12345）	Mutual evaluation（12345）	The teacher's evaluation（12345）
Learning strategies	Listen to the tape before and after class			
	Read the text aloud before and after class			
	Answer the questions actively			
	Finish the task with your partner carefully			
	Give your partner help and feedback			
	Connect new languages with real life			
	Solve problems with the knowledge you learned			
Language application ability	Be able to spell the new words			
	Tell stories in new languages			
	Answer the questions correctly			
	Role-play the conversation			
	Write an article about the topic			
Emotional attitude	Ask the teacher for help			
	Take part in the activities actively			
	Learn about the culture of the topic			
	Answer questions with original ideas			
	Speak English with others before and after class			
My words	（Include your advantages and things that need improvement）			
My partner's words				
My teacher's words				

（设计意图：本《评价量表》分为学生自评、同学互评和教师评价三部分，主要考查学生的学习策略、语言运用能力以及学习英语的情感态度。该《评价量表》既联系各单元的主题内容，又关注学生语言能力的培养，比较全面地反映了学生语言能力的掌握程度。《评价量表》以每单元为一个评价时段，里面的分值只为记录时便于操作和分析学生的学习行为表现。其中，1分表示该项行为表现差，3分表示该项行为表现合格，5分表示该项行为做得很好。该《评价量表》在每单元学习结束后由教师发给学生，学生自评后再同伴进行互评，最后由老师给予评价。通过对各项具体表现行为准则的评价，学生可以看到自己学习过程中的优势和不足，了解自己学习的情况，促使自己对学习行为进行反思，不断规范自己的学习行为，逐步提升自己的语言能力，提高自身的英语学科素养。）

（2）同学互评

同学互评是指学生在自评的基础上，根据《评价量表》的评判标准对同学的各种学习行为进行交流和相互评价。互评是体现学生主体的另一种评价方式，是更直接也更容易被学生所接受的评价方式，因为学生们互相评价时往往站在同一个高度来看问题。通过互评，学生之间会发现彼此的"闪光点"，培养自信心，明确自己的努力方向，激发你追我赶的上进心，从而不断完善自我，形成健康的人格；通过互评，学生可以看到自己在英语听、说、读、写等方面与同学之间的差距，能更加准确、客观地分析自己在英语综合运用能力方面的优点与不足，正确认识自己现有的语言能力水平以及亟待改善的问题。通过互评，学生加深了对语篇内容、语法知识的认识和理解，提高语言的理解能力和语言技能；通过互评，学生在评价中互相帮助，互相激励，互相启发，从而学会用英语交流、合作与分享，提高语言运用和表达能力，提高交际能力和学习效率。

（3）教师评价

教师评价是指教师根据指标体系客观、公正、实事求是地对学生的学习做出价值判断。由于学生的年龄特点以及认知水平有限，在自评和互评过程中，学生对问题的分析可能不是很准确，甚至出现错误的判断。此时，教师就要帮助学生分析问题并提出解决问题的办法,帮助学生提高评价的能力。因此,经过学生自评和同学互评之后,教师应该根据学生的学习态度、专注程度等相关内容以及自评、互评的结果,为学生的单元学习行为做出评价。教师在评价之后应及时将《评价量表》反馈给学生,帮助学生发现自身在英语学习过程中所取得的成绩和存在的不足,让学生时时体验自己在英语学习中的进步与成功。在评价过程中,教师要有针对性地对学生进行指导,帮助学生分析成功的经验和失败的原因,使他们及时调整学习策略、改进学习方法,使评价真正发挥督促、激励和调控的作用,成为促进学生进一步发展的动力。在评价中,教师要善于对学生的优点给予表扬,可以给予学生等级评价,也可以加上激励性评语或者适当的奖品。奖品可以是一个笑脸符号,也可以是一张小卡片、书签等。心理学家威廉姆斯曾说过:"人性中最深切的心理动机是被人赏识的渴望。"每当学生得到这样的奖励,总是笑逐颜开,激动不已。教师和同学的鼓励让他们感到"我不比别人差""我也能行""原来我这么棒",这样增加了学生的自信心,让学生从进步中看到希望,在希望中勇往直前,从而更好地激发他们的潜能,对英语的学习也增加了许多兴趣与动力,激励他们付出更多努力学习英语,掌握更多的语言知识和语言技能,不断提升自己的语言理解能力,切实提高自己的综合语言运用能力。

下面为笔者在教授完人教版九年级英语Unit 3 Could you please tell me where the restrooms are之后一位成绩中等学生的《评价量表》结果(见表2)。

表2 英语科学习表现评价量表

Grade: 9		Name: Zeng Xiaobin		Partner: Chen Liwen
Unit: 3		Title: Could you please tell me where the restrooms are?		
Item	Your behavior	Self-evaluation (12345)	Mutual evaluation (12345)	The teacher's evaluation (12345)
Learning strategies	Listen to the tape before and after class	1	2	2
	Read the text aloud before and after class	3	3	3
	Answer the questions actively	4	3	4

续表

Item	Your behavior	Self-evaluation (12345)	Mutual evaluation (12345)	The teacher's evaluation (12345)
Learning strategies	Give your partner help and feedback	3	4	4
	Connect new languages with real life	4	4	4
	Solve problems with the knowledge you learned	3	3	4
Language application ability	Be able to spell the new words	5	5	5
	Tell stories in new languages	3	3	3
	Answer the questions correctly	4	4	4
	Role-play the conversation	5	5	5
	Write an article about the topic	3	3	4
Emotional attitude	Ask the teacher for help	4	4	5
	Take part in the activities actively	5	5	5
	Learn about the culture of the topic	3	4	4
	Answer questions with original ideas	2	3	3
	Speak English with others before and after class	2	2	2
	Finish the task with your partner carefully	4	4	4
My words	(Include your advantages and things that need improvement) I'm very happy I have a chance to act in the group work. I know how to behave politely from the activity. I know the differences between Chinese and English about asking directions. But I'm sorry my oral English isn't so good.			
My partner's words	You're very brave. You did very well. But I think you must speak English more often. You can practice it with me after class.			
My teacher's words	In my mind, you are a clever, kind-hearted and hard-working boy. Though you aren't skilled in talking about how to ask for information politely in English, you took part in the activity and did well. I wish you can improve your spoken English, OK?			

（4）家长评价

随着社会的发展，家长越来越关注自己孩子的学习成绩，他们渴望及时了解自己孩子的学习情况，并参与到孩子的学习当中。苏霍姆林斯基也说过："生活向学校提出的任务是如此复杂，以致如果没有整个社会，首先是家庭高度的教育素养，那么不管教师做出多么大的努力，都收不到完美的效果。"加强家校的联系，对共同监督和教育孩子是必不可少的。因此，请家长参与评价能满足家长的心理需要，使家长比较全面地了解孩子的在校表现和学习情况，同时，这也是教师了解学生的另一种有效途径，也是促使学生养成良好学习习惯的有效手段之一。

当然，在家长评价的过程中，由于职业和文化水平的不同，部分家长缺乏教育学和心理学的专业理论知识，缺乏正确的教育方法，加之评价的对象是自己的孩子，家长在评价的过程中有时难免会出现一些主观片面、武断随便的评价。因此，在家长参与评价的过程中，教师要注意把握好评价的稳定性，即评价时间和内容相对固定，同时教师可让学生及时提醒家长给自己评价并附上自己的话。另外，教师也可借助家长会或家访与家长加强联系，就评价内容及作用对家长进行宣传和指导，争取家长的配合，使其认真反馈自己孩子的课后学习情况。考虑到操作的简易性和可行性，《家长评价记录表》的设计要尽量简单明了，以便降低家长的参与难度。家长评价同样以单元为一个评价时段。下面是来自上文所提到学生反馈给老师的《家长评价记录表》（见表3）。

表3 家长评价记录表

Grade: 9		Class: 2	Name: Zeng Xiaobin
Unit: 3		Title: Could you please tell me where the restrooms are?	
项目	评价内容		家长评价（12345）
情感态度	经常与家长谈论英语课堂的学习情况		4
	课后练习讲英语		4
	学唱英语歌曲		3
	积极完成作业		5
	阅读英语课外书		4
方法策略	在生活中尝试使用学过的英语知识		3
	向别人讲述英语课本中的文化知识		4
	观看英语节目		3
	听英语录音		5
	大声朗读英语单词及课文		5

续表

项目	评价内容	家长评价（12345）
家长的话	经常与我们分享课堂学习心得，讲英语的热情和兴趣明显提高，现在学习更加主动，也敢于表现自己了。	

（设计意图：《家长评价记录表》包含情感态度和方法策略两个方面的问题，旨在了解学生在校外的英语学习状况，获取反馈信息，促使家长在日常生活中多关注孩子的学习，提醒家长应重点关注孩子哪些方面的学习行为。由于评价表具有持续性和可操作性等特点，最终促使学生的语言能力培养由校内延伸到校外，形成一种良性的循环，有效促进教学目标的实现。）

2. 评价方法多样化

《课程标准》指出，形成性评价可采用与课堂教学活动接近的形式以及平时测验、学习档案、问卷调查、访谈等形式，学生可以在教师的指导下，根据自己的特长或优势选择适合自己的评价方式。因此，形成性评价的手段可以多样化，除了平时作业、听写和小测验，还可以通过课堂提问、师生互动、小组讨论等形式，多方面、多角度来评价学生学习行为以及反思自身教学的效果。笔者根据实际情况，在运用形成性评价活动中，除了利用上述的《学习表现评价量表》以及《家长评价记录表》之外，还可采用以下评价方法对学生的学习表现进行评价：

（1）情境测验

情境测验不是以知识的考查为目的，而是以知识的应用以及学生的参与程度为目的。它是指根据各单元的主题内容，预先设置或者模拟设置一个生活情境，让学生在模拟情境中，通过在完成真实任务的过程中运用语言、实践语言，来检查学生语言知识的掌握程度、情感态度以及语言技能、语言理解、语言交流和运用等情况。在情境测验之前，教师必须明确测验的目的，确定观测点，必要时设计《观察记录表》，以保证获取有效的信息，促进课堂教学的有效开展和完善学生的学习行为，在提升学生语言能力的同时，促进其思维品质、学习能力和文化意识的发展。

比如，在讲授上文提到的课例时，结合本单元的主题"Ask for information

politely, follow directions", 许多教师会设计选择题或者翻译题,让学生进行巩固训练,被测验的学生也能正确完成任务。但这样的评价方式显然注重最终的结果,属于终结性评价,学生在机械完成这些任务时,不与其他同学交流与合作,限制了语言能力的培养和发展。因此,笔者根据语篇的主题意义设计了下列模拟情境表演:

① Imagine your pen pal from America is going to your city. He wants to visit some places of interest in your city. Now you are meeting him in the bus station. Role-play the conversation and tell him the directions politely.

② Work in groups first. Then act in front of your class.

③ According to the observation record form (《观察记录表》,见表4), tell how your partner behaves in the activity.

表4 The Observation Record Form

Content	Time	Self-evaluation (12345)	Mutual evaluation (12345)	Time	Self-evaluation (12345)	Mutual evaluation (12345)
Give good suggestions in groups						
Act in front of the class						
Give partners help in groups						
Role-play well						
Take an active part in the activities						
The partner's words						

(设计意图:《观察记录表》记录学生参加各项学习和实践活动的表现情况,关注学生在整个学习过程中的表现。学生每人一份,以小组为单位,采取自评和互评相结合的方式,按照学生参加活动的具体时间给出评价;实行分数累积制,每个学月为一个评价时段,学生参加活动的次数越多,最终的评价得分累积就越高。这有利于鼓励学生积极参加小组的各项实践活动,积极寻找机会展示自我,敢于表现自己,积极把所学语言知识运用到情境之中,在与小组成员的合作与交流中不断提升综合语言运用能力。)

（2）成长记录袋

学生成长记录袋，英文单词是portfolio，来自意大利语portafoglio，是指有关学生学习成就或持续进步信息的一连串表现、作品评价结果以及相关记录和资料的汇集。与传统的以标准化为核心特征的纸笔测验相比，成长记录袋有更多的优越性。首先，通过记录袋，教师可以根据教学目标，有意识地将涉及语言能力方面的作品以及其他有关评价表收集起来，获得关于学生语言能力培养情况的各种基本信息，增强师生间的合作和理解，有助于建立良好的师生关系。同时，教师也能够以此作为制订教学计划与设计教学内容的基础。其次，记录袋可以展示学生语言能力提高的过程，使学生看到自己的成长与进步，从中体验成功带来的愉悦感，从而更好地调动学生参与活动的积极性和学习兴趣。另外，通过记录袋，家长能更清楚地了解孩子在学校语言能力提升的经过和表现，能够比较全面地了解孩子的努力与进步，这也为家长提供一个了解课堂的窗口，有助于改善家校关系。

在创建成长记录袋的过程中，各学校可根据自己的技术条件，建构网络档案袋、电子档案袋，也可以构建手工档案袋。但在创建过程中，教师要注意以下两个方面：首先，记录袋的收集和选择应该有目的性。用成长记录袋收集信息时，教师必须清楚地认识到它的应用目的，要使记录袋真实地反映学生学习语言知识和提高语言技能的整个表现过程，真正起到促进学生培养语言能力的作用。否则，容易出现与学科不能很好结合的倾向，内容五花八门，使记录袋成为没有目的性的资料容器或文件夹。其次，记录袋的收集要发挥学生的主体性。无论是为展示最佳成果还是为描述学生学习过程而设计的记录袋都应重视学生的参与，教师不能全包，让学生在参与设计记录袋的过程中进行自我反思，达到自我教育的目的。这不但为学生语言能力的提升提供了重要的发展契机，也培养了学生自我反省的良好习惯，促进自身健康成长。

（3）学习日志

日志虽然是日记的一种，但它们有着明显的不同。日记是学生对自己每天所遇到的事和所做的事的记录，可以记录自己学习中的各种感受，直接抒发感情。而日志一般是记载每天所做的工作，学习日志记录的是学生在某个语言知识或话题的学习过程。教师通过学习日志,能够对学生学习全过程进行观察、记录、反思,及时了解学生对语言知识的掌握和应用过程,可以从中发现每个学生的潜质,帮助学生改进和调整学习方法和策略,教师也可以灵活调控和改进教学方法。由于并不是所有的学生都有写日记的习惯,他们未必愿意记录学习日志。因此,教师如果选择学习日志作为评价工具,就必须根据具体的教学目标,设计好《学习日志记录表》,让学生明确日志中要记录的信息内容和具体要求,以便学生能按照一定的模式和要求记录自己的学习历程。

笔者在讲授人教版九年级英语Unit 13 We are trying to save the earth之后,要求学生在课余时间做一份调查,谈谈自己居住的城镇存在的环境问题,包括good environment、bad environment、why等。学生完成任务之后,教师下发《学习日志记录表》(见表5),要求学生如实记录自己完成任务的经过。

表5　Learning Log

Name:	Class:	Task:
Item	Your description	
Where do you get the information?		
How do you deal with the information you get?		
How long does it take you to finish the task?		
What do you learn from the task?		

(设计意图:学习日志是学生通过对信息获得的途径、处理方式、完成任务的时间及收获四个方面进行描述,及时向老师反馈他们的学习情况。教师依据学习日志对学生的学习行为与能力发展进行分析和评价,及时指导学生的学习行为及方式,不断完善自身的教学方法和活动计划,从而顺利实现预设的教学目标。)

3. 评价时段全面化

在教学评价实施过程中,为了帮助教师全程了解学生的学习信息,及时调整教学方案,教师设计的评价任务范围不能局限于课堂教学,应覆盖学生的各个学段,包括课前准备、课堂活动以及课后巩固三个阶段,激励学生在不同时段都积极投入到学习活动中,通过不同时段的语言技能训练方式,全面提高语言能力，确保学生在不同时段都能保持学习英语的浓厚兴趣。教师可以依据学习表现《评价量表》（表1）了解学生的课前准备情况，也可以借助《观察记录表》（表4）来进行课堂活动评价，而课后又可以通过《家长评价表》及时了解学生的知识巩固情况。全面的评价方式更有利于教师与家长全面了解学生在提高语言能力方面的情况，监控学生的学习全过程，督促孩子养成良好的学习习惯，引导学生把学到的语言知识运用到实践中，进一步巩固语言知识、提升语言交流和运用能力，促进教学目标的有效达成。

四、实施效果

形成性评价是英语教学工作一个不可或缺的重要环节。自《新课标》实施以来，笔者在英语教学过程中尝试运用形成性评价，并在实践中加以改进和完善。经实践研究发现，形成性评价对提高学生的语言能力具有实质性的积极促进作用。笔者在实验后期对研究的50名学生再一次进行了调查，问卷与实验之初的内容相同，下面为调查结果（见图2）：

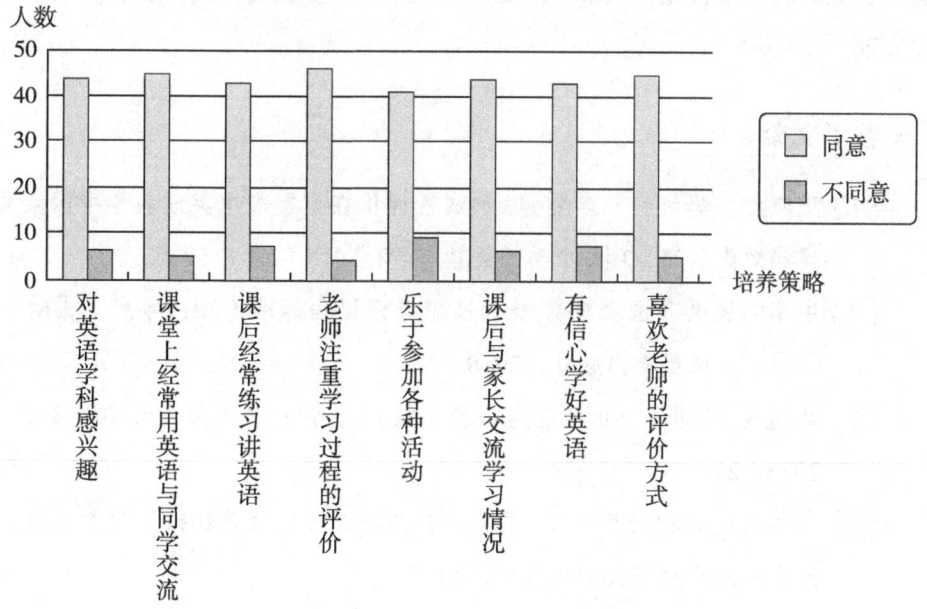

图2　英语教学评价体系现状调查问卷结果（实验后期）

从调查结果我们不难发现，在英语教学过程中运用形成性评价，能激发学生的学习热情，提高学生学习英语的兴趣，为学生提供了一个交流和表现自我的舞台，激励其不断努力，从而培养学生的学习自信心，有效地提升学生的语言能力，促进教学目标的达成以及教学效率的提升。同时，它也使师生之间、生生之间的关系更加融洽，学生的思维品质等学科素养也得到了培养，英语学科立德树人的培养目标得以实现。

五、结语

在英语教学中引入和使用形成性评价，既能够更好地达到《课程标准》对英语教学的要求，又能让学生在与教师、同学、家长的多次交流合作中，不断提升语言能力，全面发展英语学科核心素养。当然，在评价过程中，教师不能矫枉过正，一味使用形成性评价工具而忽视了终结性评价工具的诊断性作用。教师应采用形成性评价与终结性评价相结合的方式，既关注过程又关注结果。这样，我们对学生的评价才会更完整、更准确、更客观、更公正，学生的语言能力在英语教学中就能得到很好的提升，英语学科立德树人的培养目标也能得以实现。

参考文献

［1］王晓红，冯红钰，李铭婷.形成性评价在中美高中英语教学中的实施现状对比研究［J］.中学外语教与学，2018（5）：59-63.

［2］中华人民共和国教育部.普通高中英语课程标准（2017年版）［M］.北京：人民教育出版社，2018.

［3］赵德成.促进教学的测验与评价［M］.上海：华东师范大学出版社，2016：21.

［4］中华人民共和国教育部.义务教育英语课程标准（2011年版）［M］.北京：北京师范大学出版社，2012.

［5］王笃勤.初中英语教学策略［M］.北京：北京师范大学出版社，2010：344.

［6］布鲁姆.邱渊军,译.教育评价［M］.上海：华东师范大学出版社，1981.

［7］王海芸.学生发展性评价的操作与案例［M］.北京：中国轻工业出版社，2006：30.

适切教研视角下初中英语阅读教学中提升语言能力的实践研究

在英语教学中，阅读课教学是培养学生英语阅读能力和语言能力的重头戏，因此，阅读课受到了广大中学英语教师的普遍重视。为此，优化初中英语阅读教学，全面提升初中生英语阅读能力，提高学生的语言能力具有深远意义。《课程标准》指出，学生的语言学习和实践活动，应包括学习语言知识和发展语言技能的过程，使学生在语言实践活动中，通过接触、理解、操练、运用语言等环节，逐步实现语言知识的内化，从而提升实际语言运用能力。

《新课标》提出了"发展英语学科核心素养，落实立德树人根本任务"这个新的基本理念，它明确提出，学科核心素养是学科育人价值的集中体现，是学生通过学科学习而逐步形成的正确价值观念、必备品格和关键能力。英语学科核心素养主要包括语言能力、文化意识、思维品质和学习能力。其中，语言能力是指在社会情景中借助语言进行理解和表达的能力，语言能力是英语学科核心素养的核心。

一、背景因素分析

在《适切教育视角下的广东省义务教育英语教研探索》中，广东省教育研究院张荣干老师提出了："在教学研究与教师发展即我国的教研工作中应开展与教研背景因素相适切（context appropriate）的教研工作，即适切教研的主张。"张荣干老师具体指出适切教研方法和要求："我们对义务教育适切教研的探索，需要用科学的调查研究方法对教学背景因素展开调查，并采用科学的调查分析手段处理所得调查数据，进而获得相对可靠与客观的调查分析结果。"

在实践研究之初，笔者对任教学校初三实验班级的50名学生进行问卷调查，分析本校英语教学中语言能力培养方面存在的不足以及其他外部因素的影响，制定本校学生提升语言能力的适切性教学策略，因地制宜，量体裁衣，在阅读教学中切实提升本校学生的语言能力，培养学生的英语学科核心素养。下面为学生语言能力的培养现状（见表1）。

表1　学生语言能力培养情况问卷调查结果（共50人）

内容 \ 结果	非常同意	同意	不同意	非常不同意
英语老师在课堂上用英语进行教学	34%	50%	14%	2%
上课积极参与同学们的讨论	42%	6%	32%	20%
上课正确地回答问题	6%	36%	38%	20%
老师经常创设语言表达的情景	12%	6%	32%	50%
对听说训练感兴趣	8%	16%	48%	28%
老师的教学生动有趣	16%	26%	36%	22%
善于与同学用英语交流	10%	12%	36%	42%
老师重视听说训练	18%	28%	36%	18%
老师培养语言能力的形式多样	6%	16%	48%	30%
有必要加强语言能力的培养	68%	28%	4%	0%

从调查中发现，本校教师平时教学注重英语课堂用语的渗透，具有培养学生语言能力的意识并且在教学中也开展了培养活动，但更多地重视语言形式的教学而忽视语言的输出，语言能力培养方式差异显著并且范围不广，训练内容主要集中在每一单元的Section A 1a—2c以及Section B 1a—1e，而阅读部分淡化语言能力的培养。笔者通过访谈也发现，本校的初中英语阅读教学还存在不尽人意的情况，许多英语阅读教学形成了固化的教学模式，即pre-reading、while-reading和post-reading，整个课堂就是教师问学生答，学生被动地接受知识，学习的积极性和主动性不强，他们的语言能力得不到有效的培养和提升，学生的英语学科核心素养也难以得到提高。

调查结果也显示，学生具有培养英语语言能力的意识，但未形成系统性学习策略；学生对提升语言能力需求显著；学生提升语言能力的途径呈现多元化趋势。学生们的语言能力不高是因为平时的口语训练较少，学生缺乏练习口语的环境；学生不自信、害羞等原因，导致其语言交际能力无法生成。同时，学生缺少获取课外英语学习资源的途径，课外也缺少学习、使用英语语言的环境，使得学生口语较差。

笔者在教学实践中发现，在初中英语阅读教学中，可以借助思维导图，通过听、说、看、读、写等方式，利用图形和符号帮助学生更加直观地理解文本内容和信息，使其更容易融入语境，也能很快地明确文本表达的观点以及文章的深层内涵，为语言输出提供足够的储备知识，这样更容易调动学生学习的主动性和积极性，提高学习效率，切实提高学生的语言能力。

二、课例背景

本文以人教版九年级英语全一册Unit 12 Life is full of the unexpected Section B 2a—2e的阅读材料为例，阐述在初中英语阅读教学中，适切运用思维导图，在不断提升学生语言能力的同时，培养学生的文化意识和思维品质，最终促进其核心素养的整体提高。

1. 教材分析

2a—2e为本单元重点阅读板块，2a为读前活动，2b—2d为读中活动，2e为开放性的读后活动，层层递进，引导学生通过听、读、看对语篇进行理解，通过说和写进行表达，有效提升学生的语言能力。

2. 学情分析

笔者授课的九年级学生虽然来自农村初级中学，但他们已有了一定的英语语言表达能力，而且这个年龄段的学生表现欲极强，他们希望得到别人的关注。但他们的知识面比较窄，并且可供他们提升语言能力的场景比较缺乏，对于April Fool's Day的了解只是停留在"fool"和"fun"的层面，不能理解它的内涵和深层意义，从而导致语言输出时遇到诸多障碍。因此，教师在课堂上应努力为他们搭建语言表达的支架，搭建展现自我的舞台，让他们有话可说，在

"说"的过程中提升语言能力。

3. 教学构思

在传统教学中,许多老师都是让学生快速阅读,了解大意,完成2b,归纳各段的中心思想;然后针对2c问题进行选择性的重点阅读。在这样的阅读课堂中,学生大多只是被动地接受,学习主动性和积极性不强,语言能力得不到充分培养,学生的英语学科核心素养难以得到有效落实。为此,笔者在本节课中尝试运用思维导图,为学生搭建语言支架,注重学生语言能力的培养,同时提升学生的文化意识和思维品质,努力提高学生的英语学科核心素养。

三、教学过程与评析

思维导图是英国学者东尼·博赞依据大脑的放射性特点发明的一种可视性的、发散性的思维工具。它简单却很有效,是一种实用的思维工具。思维导图运用图文并重的技巧,把各级主题的关系用相互隶属与相关的层级图表现出来,把主题关键词与图像、颜色等建立记忆链接。思维导图充分运用人的左右脑的机能,利用记忆、阅读和思维的规律,开启人类大脑的无限潜能。因此,把思维导图运用到初中英语阅读教学中,利用思维导图中的各个关键词有效理解和表达语篇内容,能有效丰富和巩固阅读过程中所出现的语言知识,从而促进学生语言能力的有效提升。

1. 思维导图适时"导学",感知语言

调查发现,在阅读教学中,面对冗长而烦琐的语篇,学生容易失去阅读的兴趣,从而使阅读教学变得乏味、被动。为了充分调动学生的背景知识,教师应适时运用思维导图,开展以主题为中心的头脑风暴,激发学生的求知欲和好奇心,提高阅读积极性和主动性,激活学生原有的文化知识,帮助学生理解文化内涵,初步感知语言,有利于后续阅读和语言能力的培养。

本节课的主题为April Fool's Day,教师可让学生课前搜集愚人节的相关资料,在pre-reading环节展示下列思维导图(见图1),了解愚人节的起源和风俗,帮助学生了解语言材料的背景知识,积累相关语言知识,为后续的阅读和语言能力的培养奠定基础。

图1　思维导图

（设计意图：由于学生对愚人节的了解只是停留在表面，课前让学生搜集、了解和阅读材料相关的信息，读前围绕愚人节的背景展开头脑风暴，能够激活学生原有的文化知识，消除文化疑惑，理解文化内涵，储存相关知识和一定词汇。此环节的设置提供了刺激和诱发学生语言知识的条件，引导学生初步感知语言，促进后续的高效阅读。）

2. 思维导图适中"助学"，吸纳语言

依据语言习得的有关理论，在输入和输出之间必须有"语言吸纳"环节。学生掌握语言的过程是在教师的指导下，通过听、说、看将信息输入大脑，对其进行理解和吸纳，运用说和写的语言技能，形成语言的输出。因此，在读中活动设计中，教师要通过开展相关活动对新语言反复再现，体现足够的"复现率"（frequency），通过适当的活动让新知识在学生思维中多次重现，从而增强记忆，为后续的语言输出吸纳并积累丰富的语言材料。

（1）头脑风暴，理清脉络

该授课语篇为一篇叙事性文章，讲述了四个与开玩笑有关的故事。为了帮助学生厘清文章的脉络，教师可让学生利用下面思维导图（见图2）寻找语言信息，厘清故事脉络，同时再次感知并吸纳新的词汇和语言知识，培养语言意识和英语语感。

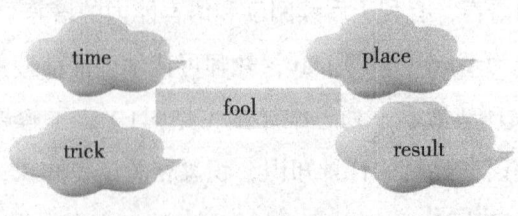

图2　思维导图

下面为学生厘清的语篇脉络故事（见表2）。

表2 Information

Time	Place	Trick	Result
On April Fool's Day	In England	There would be no more spaghetti.	All of the spaghetti was sold out.
On April Fool's Day	In England	The special water would help people lose weight.	More than 10000 people phoned the TV station.
On April Fool's Day		A famous TV star asked his girlfriend to marry him.	The TV star lost his girlfriend and his show.
In October, 1938	In the USA	Aliens from Mars had landed on the earth.	Thousands of people left their homes.

（设计意图：在读中阶段教师利用思维导图，让学生厘清语篇各个故事内容，在寻找信息的过程中理解书面语篇的内涵，同时理解并接收新的语言知识，为后面的语言表达环节积累材料。）

（2）问题导向，活化文本

当前，中小学英语阅读教学普遍采用整体教学模式，强调先对文章进行宏观把握，了解文章的主要内容和整体特点，然后再深入分析各个部分的内容。因此，教师在设计问题时，要凸显文本脉络，在具体分析文本各个部分时，把文本内容灵活转换成另一种表现方式，以一条贯穿始终、清晰的线索来串联文本信息，为后续的交际活动储存更多的可以随意提取的"模块"。

思维导图是一种常见的信息转换方式，教师可通过思维导图，将文本的主要内容以物和事的发展关系呈现给学生，为后面的语言输出储存更多的有效信息。下面是教师以思维导图（见图3）形式整合语篇呈现的问题。

图3 思维导图

问题的设计凸显整个语篇的核心主线,其中why代表Why did they do it, how 代表How did they do it, what代表What happened in the end, which代表Which one is the most believable。

(设计意图:在读中环节设计适切性的问题,可以达到帮助学生"理解文本,拓展内涵,发展思维"的阅读教学目的。在这一过程中,学生也得到更多的锻炼,掌握更多的有效信息。笔者根据本校学生实际适当地使用认知复杂性较低的展示性问题,调动学生参与课堂教学的热情,从而促进教学目标的达成。在学生完成问题的同时,教师再次重现语篇的新知识,让新知识在学生头脑中多次出现,保证足够的语言"复现率"。)

(3)梳理文本,扫清障碍

文本是系统地表达内容的载体,而要表达内容,必须有语言的支撑,必须通过思维去组织。梳理文本信息是课堂上一切教学活动的基础。学生在梳理文本的过程中,深刻体验文本的价值,获取话题信息,并再次复习文本中新的语言知识,包括单词、短语和语法知识。学生通过梳理文本,为后面的语言输出扫清了语言学习的障碍。在这个梳理环节,笔者展示下面的思维导图(见图4)供学生体验文本。

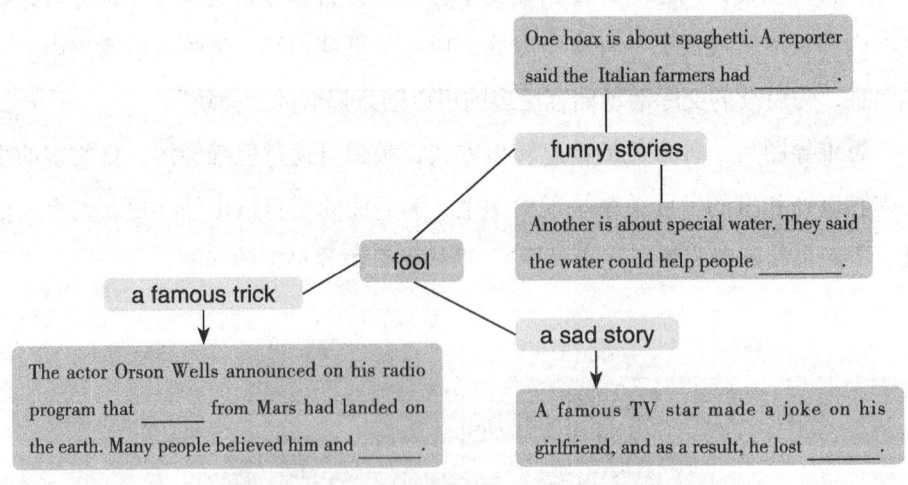

图4　思维导图

(设计意图:初中英语阅读教学的首要任务就是提升学生的英语语言能力,

我们要把文本信息理解与语言知识紧密联系起来,语言是思维的载体。通过信息的梳理,加深学生对文本的理解,同时扫除语言学习中的一些障碍,为读后任务的顺利进行做好铺垫。)

3. 思维导图适度"研学",运用语言

在学生掌握篇章结构、主题信息和语言表达的基础上,教师可利用思维导图搭建桥梁,帮助学生建构文本结构,在理解语篇的基础上进行语篇片段的复述,引导学习者对文本进行重构性语言输出。教师引导学生通过复述故事回顾文本,既能加强对语篇的整体理解和运用,又能有效进行听、说、看语言技能训练,培养学生读和写语言能力,这也体现了语言教学的交际性原则。笔者让学生围绕下面的思维导图(见图5),运用上面已经积累的语言知识,对语篇四个故事进行复述,培养他们的语言表达能力。

图5 思维导图

(设计意图:在读后环节要求学生适度运用思维导图对语篇进行复述,不仅有助于学生回顾文本,也体现了语言教学的交际性原则。学生把学过的语言知识运用到复述活动中,可以检验自己对语篇的理解程度,同时提升语言的表达能力。)

4. 思维导图适当"增学",创生语言

(1)创设语境,提升语言能力

语言学习离不开语境。因此,教师可以充分利用学生的已有知识,适当运用思维导图(见图6)为学生搭建情境支架,让学生介绍发生在自己或朋友身上的愚人节故事,尝试运用所学语言创造性地表达个人意图、观点和态度,提高自己的语言表达能力。同时,为了降低学生语言输出的难度,并保证语言输出的高效性,教师可以在此环节为学生搭建语言支架,让学生在活动中真正运用所学语言提升理解和表达效果,提升语言输出的准确性和高效性。

Have you ever played jokes on others, especially on April Fool's Day? Have you ever been fooled by others? Tell your story to your partner.

图6 思维导图

(设计意图:思维导图为学生搭建了语言输出的支架,帮助学生内化所学内容,建构新的知识体系,创生新的语言表达,实现了语言发展与思维发展齐头并进的目标。)

(2)及时点拨,培养文化意识

语言是文化的一个组成部分,又是文化的载体,文化的传授和传播必然借助语言,语言受文化的影响,反过来又对文化产生影响。在自由表达环节,由于学生对愚人节的理解不透彻,部分学生对于April Fool's Day的了解只是停留在"fool"和"fun"的层面,出现了某些偏差,需要教师及时点拨,领悟节日的内涵。

① I told my uncle his son was in hospital, so he hurried to go there. He was very angry when he knew the truth at last. But I was very happy.

② Granny Li was very sad when I told her that her pet dog was hit by a car. But in fact, I fooled her.

③ My mother's eyes were full of tears when I told her that I failed the exam. After she knew that I had fooled her, she didn't talk with me for a long time.

……

针对学生存在的文化偏差,教师应及时进行点拨,帮助学生形成正确的价值观。

Different people have different senses of identity to culture. So before you play tricks on others, you must be careful. Or you will change happy things into unhappy ones.

（设计意图：文化意识是英语学习的重要组成部分，也是培养语言能力不可或缺的内容。在学生自由表达的环节，及时点拨并培养学生的文化意识，有利于帮助学生形成正确的价值观，理解文化内涵，形成文化自信，最终培养家国情怀。）

四、效果分析

在实验班级英语阅读教学中，笔者尝试在pre-reading、while-reading和post-reading环节适切性运用思维导图，为学生的语言输入和输出搭建理解和表达的支架。经过一学年的教学实践，取得了预期的效果，下图（见表3）为实验后的语言能力调查情况。

表3 学生语言能力培养情况问卷调查结果（实验后，共50人）

内容 \ 结果	非常同意	同意	不同意	非常不同意
英语老师在课堂上用英语进行教学	44%	54%	2%	0%
上课积极参与同学们的讨论	42%	36%	12%	10%
上课正确地回答问题	26%	28%	28%	18%
老师经常创设语言表达的情景	32%	28%	25%	15%
对听说训练感兴趣	28%	36%	18%	18%
老师的教学生动有趣	30%	36%	24%	10%
善于与同学用英语交流	26%	32%	26%	16%
老师重视听说训练	44%	38%	12%	6%
老师培养语言能力的形式多样	36%	26%	28%	10%
老师加强语言能力的培养	78%	18%	4%	0%
观看英语电影	42%	22%	26%	10%
喜欢讲英语故事	40%	24%	26%	10%

从调查结果我们可以看出，适切教研视角下的英语阅读教学对学生语言能力的提升有很大的促进作用。一年的实验研究使学生提高了对英语听说训练的兴趣，现在许多学生有话可说，有话敢说。语言能力的提升也培养了核心素养

其他的能力和品质，同时促进学校英语成绩的总体提高。

五、结语

在初中英语阅读教学中适切运用思维导图，为语言能力的培养提供了解决的思路和策略。在适切教研视角下，围绕语言能力培养中存在的诸多问题，英语教师要积极优化阅读教学活动的设计，运用各种学习策略，通过思维导图为学生搭建情境、语言等支架，有效达成阅读教学与语言能力培养的对接，让学生在阅读中提高自身思维品质和文化意识的同时，更能提升自身语言能力，促进英语学科核心素养的最终形成。

参考文献

[1] 中华人民共和国教育部.义务教育英语课程标准（2011年版）[M].北京：北京师范大学出版社，2012.

[2] 程晓堂，赵思奇.英语学科核心素养的实质内涵[J].课程.教材.教法，2016（5）：79-86.

[3] 中华人民共和国教育部.普通高中英语课程标准（2017年版）[M].北京：人民教育出版社，2018.

[4] 张荣干，陈文英，张泰刚，等.适切教研视角下的广东省义务教育英语教研探索[J].湛江日报，2016（2）.

[5] 广东教育蓝皮书.广东教育改革发展研究报告（基础教育课程教材教学研究卷）[M].广州：广东高等教育出版社，2016：29-48.

[6] 东尼·博赞，巴利·博赞.叶刚，译.思维导图[M].北京：中信出版社，2009.

[7] 戴军熔，郑春江，朱雯，等.英语阅读教学中的读后活动：设计与实施[M].浙江：浙江大学出版社，2011.

[8] 梁美珍，黄海丽，於晨，等.英语阅读教学中的问题设计：评判性阅读视角[M].浙江：浙江大学出版社，2017.

［9］葛炳芳.英语阅读教学的综合视野：内容、思维和语言［M］.浙江：浙江大学出版社，2017.

［10］裘克安.英语与英语文化［M］.长沙：湖南教育出版社，1993.

［11］中华人民共和国教育部.义务教育课程标准实验教科书·英语（Go for it!）九年全一册［M］.北京：人民教育出版社，2013.

2

第二篇

文化意识篇

　　从中华传统文化来说，我们都有同一个根、同一个灵魂。我们的根、我们的灵魂是什么？就是中华传统文化。中华民族传统文化历来重视人的素养问题。从中华传统文化来看，我们看到了家国情怀、社会关怀、人格修养和文化修养四个方面。

——林崇德

初中英语阅读课中提升文化意识的
适切策略研究

党的十九大报告提出，要推进国际传播能力建设，讲好中国故事，展现真实、立体、全面的中国。语言是文化的载体，文化意识的培养是英语学科核心素养的重要组成部分。基于学校英语学科文化意识培养的调查结果，笔者以人教版九年级全一册Unit 2 Section B 2b的Reading（第二课时，复习课）为例，诠释了在初中英语阅读课教学中如何因地制宜，适切教研，引导学生尊重世界文化的多样性和差异性，汲取世界文化精华，传播中华优秀文化，坚定文化自信，增强国家认同，从而深度塑造学生的文化品格，培养学生积极向上的价值观和世界观。

教育部在2014年3月发布了《关于全面深化课程改革落实立德树人根本任务的意见》，提出了"核心素养"这一重要概念。《新课标》指出，英语学科核心素养主要包括语言能力、文化意识、思维品质和学习能力。文化意识指对中外文化的理解和对优秀文化的认同，是学生在全球化背景下表现出的跨文化认知、态度和行为取向。

相比《课程标准》，"文化意识"是唯一没有变更表述的维度，表明了英语课程对文化意识维度的高度认同。尽管我国义务教育阶段使用的《课程标准》仍然是2012年颁布的，但《新课标》作为我国首个基于核心素养的英语课程纲领性文件，其中的核心理念与教学建议也为义务教育课程的实施指明了方向，因而值得关注并做相应的实践探索。

一、研究意义

党的十九大报告提出，要加强中外人文交流，以我为主，兼收并蓄；推进国际传播能力建设，讲好中国故事，展现真实、立体、全面的中国。初中阶段的学生从懵懂看世界到逐渐形成自己基本的世界观，他们开始探索世界，探索自身对世界的意义。在习近平新时代社会主义思想指导下，我们英语教师应坚守自己的意识形态，在教学中培养学生的中国情怀和国际视野，增强国家认同，坚定文化自信，让祖国的未来一代能讲好中国故事，敢于发出中国声音。

《新课标》指出，文化意识体现英语学科核心素养的价值取向。文化意识的培育有助于学生增强国家认同和家国情怀，坚定文化自信，树立人类命运共同体意识，学会做人做事，成长为有文明素养和社会责任感的人。而培养学生核心素养是通过基础教育阶段各学科的教育来实现的。英语作为一门特殊的以语言为教学内容的学科，是实现这些能力的重要途径。教师除了要帮助学生掌握必备的语言知识技能，还要注重培养学生的人文素养和跨文化交际意识与能力。

二、研究背景

在《适切教育视角下的广东省义务教育英语教研探索》中，广东省教育研究院张荣干老师提出了："在教学研究与教师发展，即我国的教研工作中应开展与教研背景因素相适切（context appropriate）的教研工作，即适切教研的主张。"为了制定出更适切的文化意识培养策略，笔者在研究之初对授课学校的英语教师进行了问卷调查，重点了解教师在文化意识培养方面的实施情况以及制约发展的相关因素，以便因地制宜，适切开展教学。下表为学校英语教师问卷调查结果。

教师在文化意识方面培养情况问卷调查结果（共16人）

内容 \ 结果	非常同意	同意	不同意	非常不同意
教学以语篇中的基础知识为主	62.5%	25.0%	12.5%	0%
课堂主要讲授单词和语法	50.0%	18.8%	31.2%	0%
能挖掘语篇的文化内涵	6.3%	12.5%	62.5%	18.7%
注重文化背景的介绍	12.5%	18.8%	50.0%	18.7%
关注学生文化意识的培养	12.5%	12.5%	37.5%	37.5%
大力弘扬中华文化	18.8%	12.5%	50.0%	18.7%
主要围绕考点展开教学	56.2%	18.8%	18.8%	6.2%
平时考试注重文化意识的考查	6.3%	12.5%	81.2%	0%
经常组织学生进行文化对比	6.3%	12.5%	62.5%	18.7%
教材中有很多文化的相关资源	62.5%	18.8%	18.7%	0%
备课组注重文化意识的培养	12.5%	6.3%	62.5%	18.7%

从问卷调查的结果看，学校英语教师对文化意识的培养不够重视，教师在开展阅读课教学时仍认为词汇和语法知识才是阅读教学的重点。因此，他们没有很好地依托学科内容，教授语篇背后所要传达给学生的寓意，使许多"育人"的想法只停留在口号上，以致学生获得的知识是零碎的、浅层的。当然也有一些教师的教学对提升学生文化意识、培养学生的跨文化意识有所涉及，但往往也是浅层的认识和理解，也不能很好地培养学生树立正确的文化立场和文化态度。因此，要提高学生的英语阅读能力和英语学科素养，文化意识是不可或缺的一个方面。在初中英语阅读教学中，我们只有融入文化元素，注重文化意识的培养，才能大力弘扬中华优秀传统文化，努力使学生具有中华文化底蕴。学生通过对中西方文化的对比和分析，能够较客观、全面地认识英语文化的要素，同时以新的洞察力审视和认识本国文化，进而在国际交往中做到知己知彼，成为社会主义合格的建设者和可靠的接班人。只有这样，学生才能具备较强的国际理解力和竞争力，在经济建设中起到桥梁的作用，积极有效地推进国际间的交流与合作。

三、研究策略

阅读是英语教学的重中之重。无论是英语考试中阅读部分所占比重，还是今后工作中的实际运用，都体现了阅读的重要性。同时，这也是教师进行文化渗透，提升学生文化品格的最好时机。本文以人教版英语九年级全一册Unit 2 I think that mooncakes are delicious中Section B 2b的Reading（第二课时，复习课）为例，阐述在初中英语阅读课教学中如何根据本校实际，设计文化意识培养的适切教学，进行针对中华文化与西方文化的知识获取、内涵比较、异同分析、精华汲取的课堂教学实践。

1. 精准定位，明确文化目标

教学是教师和学生根据教学材料开展的活动，教师对学生学习的指导体现为从材料中选取和挖掘学生发展所需的载体或环境。在初中英语阅读教学中，部分教师仅仅把英语视为一种语言工具，没有注重英语学习对学生文化意识方面的培养，这大大削弱了英语阅读课的功能。因此，在进行阅读教学之前，教师应从培养学生文化意识的角度来解读教材文本，打造具有丰富文化内涵的课堂，从而让学生理解中西方文化现象，了解世界经济、政治和文化知识，形成跨文化意识，并内化为文化素养和人文素养。因此，教师应该在分析学生学情的基础上，认真研究教学内容，深度挖掘其内涵，精准定位每一堂阅读课要培养的文化目标，为接下来的课堂教学指明方向，这是提升学生文化意识的前提。

从教材分析，该语篇通过讲述吝啬鬼Scrooge的转变，探讨圣诞节的真实含义。笔者拟用两个课时完成授课内容，第一课时主要让学生了解语篇的内容，而本课为第二课时，通过复习语篇，获取文化知识，理解文化内涵，比较文化异同，汲取文化精华，从而提升学生的文化意识。

从学情分析，本节课的授课对象为九年级学生，他们好奇心强，有一定的表现欲，有一定的英语会话能力。在上一课时中，他们已经了解了语篇的内容，但他们对圣诞节只有初步的认识，知道它是一个西方节日，有圣诞老人、圣诞礼物等，但这只是浅层认识，他们不了解其背景知识及文化内涵等深层意义。近年来，越来越多的年轻人，包括学生淡化中国传统节日，他们对中华优秀文化的了解也越来越少。

从文化意识和情感价值观的角度来看，本课在于向学生传达以下信息：我们在尊重和包容中西方文化的同时，要增强对中华优秀传统文化、革命文化和社会主义先进文化的认识，树立传播中华优秀传统文化的意识，坚定文化自信。

根据学生的实际情况和本节课的教学内容，笔者定位下面的文化目标，有意识地对学生进行文化品格的培养。

（1）通过深入解读，让学生真正了解圣诞节的文化内涵。

（2）通过对比，了解中西方节日的异同点，汲取世界文化精华，传播中华优秀文化，从而深度塑造学生的文化品格。

（3）师生之间平等交流，化解文化冲突，培养学生积极向上的价值观和世界观。

（4）学生能介绍一个自己最喜欢的中国节日，树立传播中华优秀文化的意识，坚定文化自信。

（设计意图：教师精准定位每一堂阅读课的文化目标，是促进文化意识提升的前提。教师通过精心挖掘，寻找阅读课教学中的文化元素，为文化意识的提升打下扎实的基础。）

2. 深度解读，挖掘文化内涵

教师在课前可以鼓励学生通过阅读，查阅相关书籍、杂志或网络信息了解圣诞节的文化内涵，在读前环节应巧设任务，帮助学生消除文化疑惑，为后面的活动开展积累一定的文化知识，扫除学习中可能遇到的障碍。这样可以减轻学生因背景文化积累不足所带来的学习压力，拓展学生的视野，丰富生活知识，提高自主探究能力，培养学生的跨文化意识和初步国际理解能力。

为让学生更深入解读文本，了解圣诞节的文化内涵，在pre-reading环节，教师可通过思维导图（见图1）设置任务，帮助学生积累文化知识。

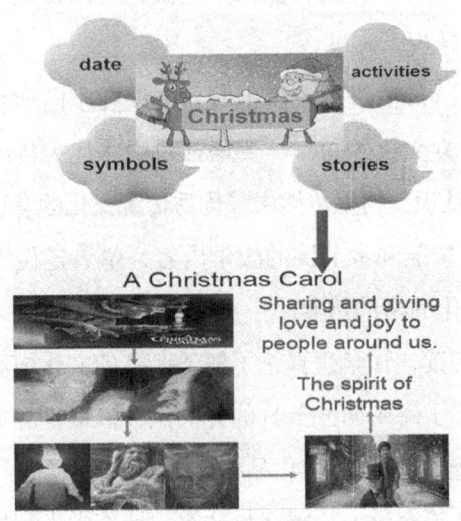

图1　思维导图

（设计意图：在pre-reading环节，教师利用思维导图引导学生寻找相关的节日文化信息，并以此为切入点，指导学生进行头脑风暴活动并讲述语篇故事，这样不但培养了学生的逻辑思维能力，而且提高了语言能力，积累文化知识，又培养了自主学习的能力，为后面各项任务的顺利开展扫除语言和知识上的障碍。）

3. 延伸对比，汲取文化精华

世界文化是多样的，存在文化差异是正常的现象。在教学中我们可以通过客观对比，即从多个角度，不以个人情感或偏见去认识、理解各种文化的异同点。利用"同"来获得语言学得和习得的正迁移，指出"异"来防止文化学得和习得的"负迁移"。这样学生才能掌握更丰富的文化知识，提高自身的人文素养，培养开放的胸怀，做到在尊重本民族文化的同时，尊重其他民族文化。

学生在前一环节已深度理解圣诞节的文化内涵，为进一步培养学生跨文化沟通和传播中华文化的能力，在while-reading环节中，教师可采用思维导图（见图2），让学生将中国传统节日 "the Spring Festival" 与圣诞节进行对比和分析，客观、全面地认识中西方节日的文化异同点，求同存异。在完成任务之前，教师可提供一段有关春节的视频，加深学生对中华优秀文化的理解，同时为完成本环节任务提供语言材料。

图2 思维导图

通过小组合作，学生对中西方传统文化有了更深的了解，下面是学生给出的答案。

Date：January 1 in lunar calendar

Activities: visiting relatives and friends, setting off firecrackers, giving best wishes to each other...

Symbols: couplets, firecrackers, lucky money, dumplings...

Stories: Nian

Spirit: reunion, love, greeting the new life

（设计意图：关注中外文化的差异与融通，可以帮助学生更加深入地了解中西方各民族的历史与文化，在吸收外来节日文化的同时理解、认同中华传统文化，从而帮助学生培养国际意识，理解文化差异，塑造文化品格。）

4. 平等交流，增强文化自信

由于每个人自身的生活环境、知识结构、认识能力等不同，对同一事物或现象会产生不同的认识，并形成不同的立场、观点，有时甚至会产生矛盾、冲突。对不同的中西方节日文化，一些学生可能会有不同的立场和观点，在不知不觉中产生某些文化冲突。

为了化解文化冲突，培养学生正确的文化价值观和道德情感，在读后环节，笔者设置了free talk任务，要求学生围绕下列问题进行交流：（1）If you have time, which festival would you like better, Christmas or the Spring Festival? Why? （2）Do you think whether Christmas will take the place of the Spring Festival or not? （3）How should we treat foreign festivals and spread our festivals?

学生根据自己的喜好给出了答案。有的学生回答如下：I would choose the Spring Festival because it's our traditional festival. 也有学生回答：I would choose Christmas because there are more interesting activities to do.

下面是师生间交流的部分内容：

T: Which festival would you choose? Why?

S1: I like the Spring Festival, because I'm Chinese. I am not used to spending Christmas.

S2: I also like the Spring Festival because it's a traditional festival in China. I can get lucky money, but I can't get the feeling at Christmas.

S3: I like Christmas better because I'm interested in it.

T: Do you think Christmas will take the place of the Spring Festival?

S1: I don't think so. The Spring Festival has special meanings for Chinese people. It can't be taken the place of forever.

S2: Though Christmas is becoming more and more popular with many young people, the Spring Festival is our most important traditional festival. We needn't worry about losing it.

S3: Because more and more young adults prefer Christmas, I am worried that fewer people will like our own festival in the future.

T: Christmas brings us joy and bustling festival air. We must accept it. But the Spring Festival has been in China for several thousand years. We should spread our festival culture to more young people and the western countries. We should consolidate cultural confidence. I am sure we can make our tradition last forever.

（设计意图：在本环节，教师着眼于帮助化解中西方的文化冲突，以学生熟悉的生活情境为交流话题，让学生有话可说，激发他们的学习兴趣，提高语言能力，也激活他们对中西方节日的已有认识，引导他们正确认识和对待他国文化，积极发展跨文化沟通策略和能力，增强国家认同，坚定文化自信，形成正确的价值观。）

5. 实践运用，促进文化传播

实践就是让学生在英语教学中直接参与文化交流，在实践中获得文化的知识，形成文化的态度与能力。教师可以营造一定的文化交际氛围，让学生亲身感受所学文化知识的内涵，实际运用文化知识，训练语言基本功，提高语言表达能力，培养跨文化意识，提高跨文化交际能力。教师可利用现代化教学手段播放外语录像或电影，给学生直观的感受；教师可以让学生进行角色表演，模拟度过某个节日；教师可以在课后设立英语角，让学生交流彼此的观点；教师也可以在课堂上设置相应情境，让学生进行讨论。笔者紧扣上面free talk的话题，鼓励学生围绕思维导图，以 "my favorite Chinese festival" 为话题向外国朋友介绍中国节日，传播中国文化，坚定文化自信。教师可以提供下列结构（见图3）供学生参考：

图3　思维导图

My favorite Chinese festival is... It is on... When we talk about the festival, we will think of... During the festival, people often... It's my favorite festival because... There is a funny story about it. Once upon a time...

（设计意图：设置实践任务，能促使学生深入实践，在实践中感悟文化内涵，在传播文化中坚定文化自信，从而提升学生的文化意识。）

四、研究反思

文化意识是英语学科核心素养的重要组成部分，它体现了英语学科核心素养的价值取向。在提升文化意识的实践研究中，笔者有以下启示和建议：

1. 与时俱进原则

核心素养的概念是发展的，文化意识的内涵随着社会的前进而不断丰富。教师要紧跟时代的步伐，不断提升专业素养，了解国家的发展史，关心时事变化，把课本材料与国家日新月异的巨大变化紧密结合。这样有助于学生提高阅读兴趣和自身的文化素养，增强学生的民族自豪感，进一步培养他们的家国情怀。

2. 多元教学原则

随着现代化信息技术与英语教学的深度融合，教师的教学方式也应该多元化。教师可让学生通过网络寻找相关文化信息，也可以借助微课、慕课等教学方式减少学生对教材的依赖，扩充课程资源，增加文化知识传授的直观性。

3. 善于发现原则

英语教师要有一双"文化眼"，善于发现和挖掘教材以及周围的文化资源，随时发现中西方文化的衔接点，善于挖掘文本的价值追求，客观评价世界文化的多元性。同时，教师应该坚守自己的意识形态，在教学中注重中外文化的对比和阐释，关注文化负载词汇和表达方式的不同，切实提升学生的文化意识，使他们形成正确的世界观和人生观。

五、结语

新时代，新思想，新课程。英语教师要善于挖掘契合时代精神的内容精华，善于搜集有文化价值的教学资源，将文化意识的培养渗透于英语教学之中。这不仅有利于加强学生的英语语言基本功，提高语言能力和分析能力，提高阅读水平，同时也有利于学生开阔视野，开阔眼界，提高文化素养，形成跨文化意识，培养积极向上的价值观和世界观。

参考文献

[1] 中华人民共和国教育部. 普通高中英语课程标准（2017年版）[M]. 北京：人民教育出版社，2018.

［2］肖丹.中学英语文化意识培养的教学路径［J］.中小学英语教学与研究，（6）：60-62.

［3］张荣干，陈文英，张泰刚，等.适切教研视角下的广东省义务教育英语教研探索［J］.湛江日报，2016（2）.

［4］广东教育蓝皮书.广东教育改革发展研究报告（基础教育课程教材教学研究卷）［M］.广州：广东高等教育出版社，2016：29-48.

［5］鲁子问.英语教学论［M］.上海：华东师范大学出版社，2009.

［6］顾明远，石中英.国家中长期教育改革和发展规划纲要（2010—2020年）解读［M］.北京：北京师范大学出版社，2010：58.

［7］中华人民共和国教育部.义务教育英语课程标准（2011年版）［M］.北京：北京师范大学出版社，2012.

［8］陈军.注重跨文化教学，培养具有国际化视野的学生［J］.英语教师，2015（18）：6-7.

［9］中华人民共和国教育部.义务教育课程标准实验教科书·英语（Go for it!）九年全一册［M］.北京：人民教育出版社，2013.

主题意义引领下的初中英语阅读教学研究

主题意义引领的英语教学理念是《新课标》所倡导的。本文基于主题意义引领的理论依据、实施的现实意义、实施的原则和培养目标，以人教版九年级英语Unit 7 Section B的阅读语篇为例，介绍了主题意义引领下初中英语阅读教学的实践策略，同时提供了相关的教学建议，以期提高教学效率。

一、主题意义引领的概述

主题意义引领的英语阅读教学，就是教师根据语篇内容深入探究，围绕语篇的主题，创设与主题意义密切相关的语境，充分挖掘该主题所承载的文化信息，设计好课堂教学的目标、内容和活动，引导学生积极参与教学活动并从中领悟语篇的主题意义，帮助他们树立正确的价值观，发展思维品质，在提升学生语言能力的同时培养学习能力，实现英语学科立德树人的教学目标。

1. 主题意义引领提出的理论依据

《新课标》明确指出，指向学生学科核心素养的英语教学应以主题意义为引领，以语篇为依托，整合语言知识、文化知识、语言技能和学习策略等学习内容，引导学生采用自主、合作的学习方式，参与主题意义的探究活动。英语课程具有重要的育人功能，旨在发展学生的语言能力、文化意识、思维品质和学习能力，落实立德树人根本任务的课程理念。英语课程应该把对主题意义的探究视为教与学的核心任务。《课程标准》提出了以语言技能、语言知识、情感态度、学习策略和文化意识等五个方面共同构成的英语课程总目标，既体现了英语学习的工具性，也体现了其人文性。主题意义这个概念在初中《课程标准》里面虽然没有明确指出，但在其总目标中已经明确指出，即通过英语学习使学生形成初步的综合语言应用能力，促进心智发展，提高综合人文素养。人文素养是指做人的基本品质和基本态度，它的最终目标也是培养学生正确的人生观和价值观，所以它与《新课标》中主题意义引领内涵相吻合。

语言是一种意义交流工具，互动假设理论很重视语言的意义性，认为学习者只有在意义沟通中才能够注意吸收和应用目的语。由此我们可以看出，主题意义在语言学习过程中占据非常重要的地位。随着《新课标》的颁布，这种基于主题意义引领的英语课堂教学，已受到越来越多英语教师的广泛关注。初中英语教学也逐渐从"重知识"转向"重技能"，一方面既重视英语学习的工具性，另一方面又重视其人文性。在初中英语阅读教学实际中，越来越多的教师树立了以意义为中心的语言观和教学观，以主题意义为引领，以语篇为依托，突出对学生价值观的培养，帮助学生学习语言知识，提高语言运用技能，并在思维活动中，掌握学习策略，提高自身的人文素养，最终培养英语学科核心素养，真正使英语教学从"学科本位"变为"育人本位"。

2. 主题意义引领提出的现实意义

当今社会，虽然素质教育已越来越受到重视，但是仍普遍存在着"重知识，轻能力""重分数，轻素质"的现象，特别是在中考、高考"指挥棒"的影响下，很多老师在实际的英语课堂阅读教学当中，往往没有走出以教师为中心的教学模式，比较重视英语的工具性而忽略其人文性，对英语学科的育人价值认识不足，偏重于语言的"形"而忽略其"神"，陷入"知识碎片，技能分割"的困境。具体表现为：教师过于关注语篇中语言知识的学习，教学内容肤浅，使学生不能准确把握语篇的主题意义，对语篇的探究也只停留在表层，忽略主题意义的深入解读；教学方法单一，课堂教学活动大多是以教师为中心，学生被动地接受知识，师生交流少，英语学习缺乏主题意义探究等。这些严重阻碍了立德树人教育目标的实现。因此，在初中英语阅读教学中，为了实现英语学科的育人功能，教师应该以主题意义为引领，通过创设与主题意义密切相关的语境，帮助学生建构、完善新的知识结构，深化对主题的理解和认识，树立正确的世界观、人生观和价值观。

3. 主题意义引领的实施原则

（1）内容整合原则

六要素整合的英语学习活动观包含主题语境、语篇类型、语言知识、文化知识、语言技能和学习策略等六大要素，它们是一个相互关联的有机整体。因此，在初中英语阅读教学中，教师应在主题意义的引领下，坚持内容整合原则，将这六大要素有机结合起来，努力改变碎片化的教学方式，将知识学习与技能发展融入主题语境之中，改变学生脱离语境的知识学习，努力实践英语学习活动观，引导学生学会学习和自我管理，促进自身文化意识和思维品质的形成，最终使英语学科核心素养在初中英语阅读教学中落到实处。

（2）要素融合原则

《新课标》指出，学科核心素养是学科育人价值的集中体现，是学生通过学科学习而逐渐形成的正确观念、必备品格和关键能力。英语学科核心素养主要包括语言能力、文化意识、思维品质和学习能力，这四大要素是互为基础、相互依存的。坚持英语学科核心素养四大要素整合的原则应用于阅读教学中，使课堂教学顺应课程改革的新趋势以及人才培养的期望，回归到学科育人的本质目标。因此，在初中英语阅读教学当中，教师应依托不同类型的语篇，从"人的素养"出发，引导学生通过分析问题和解决问题，促使自身努力学习语言知识，深刻理解文化内涵，不断发展语言技能，拓展多元思维，明确价值取向和树立正确的人生观和价值观。而学生通过学习理解、应用实践、迁移创新等一系列英语学习活动，促进自身语言能力的发展，提升思维品质，增强文化意识，不断提高学习能力，最终促进自身的发展和推动社会进步。

（3）活动契合原则

活动是学生进行主题意义探究的重要途径，建构主义认为活动对于理解和认识发展是必不可少的，活动及其由此带来的直接经验是有效学习和进行意义探究的基础。因此，要打造有效课堂，达成各种教学目标，根本前提是教师遵循活动契合原则，设计相应的、有效的教学活动，并使其顺利开展。基于主题意义引领的初中英语阅读教学，教师应紧密围绕主题意义设计契合的主题探究活动，调动学生已有的关于该主题的知识和经验，引导学生在真实或模拟的生活场景中学习该语篇的文本语言知识，感知和体验该语篇当中的语言内涵，深化对该主题的理解和认识，建构和完善新的知识结构，加深对语言学习意义的了解，有效地提升语言技能，促进学科素养的形成。

4. 主题意义引领的培养目标

学习外语不仅是与人用外语交流，同时也是用另一种认知模式思考，培养健康的价值观，涉及学生的心智发展和品格的形成。《新课标》指出，学生对主题意义的探究应是学生学习语言的最重要内容，直接影响学生对语篇的理解程度、思维发展的水平和语言学习的成效。主题意义引领下的初中英语阅读教学，目的在于培养学生的语言理解和表达能力，推动学生对主题意义的深度学习，帮助他们建构新概念，体验不同的生活，丰富人生阅历和思维方式，树立正确的价值观。

（1）发展语言能力

语言是文化的载体。在初中英语阅读教学中，教师应将教学内容与语言学习有机结合起来，将语篇中的主题意义与学生的生活实践紧密联系起来，整合语言知识和语言技能的学习与发展，设置相适切的教学任务，鼓励学生学习和运用语言，通过一系列具有综合性、关联性特点的语言学习活动，更好地发展学生的语言理解能力和表达能力。

（2）提升思维品质

语言是思维的工具，外语教育能促进学生的心智发展。在以主题意义为引领的英语阅读课堂上，教师通过设置适切的教学任务，引导学生辨析语言和文化中的某些具体现象，或者比较中外文化的异同点等，通过搜集相关信息，分析和寻找文化差异，对不同观点的辩论等活动，培养学生的逻辑性思维、发散性思维和批判性思维，思维品质得到有效的提升。

（3）增强文化意识

语言是育人的基础，在"立德树人"这一育人目标的引领下，《新课标》对英语课程目标做了实质性的调整，从原来的"学科本位"转向"育人本位"，现行初中英语教材中每个单元都围绕着一个主题或话题展开。因此，教师应充分了解特定主题所承载的文化信息，挖掘其深层的价值内涵，创设出与主题意义密切相关的语言环境，引导学生通过比较、探究，寻找中外文化的异同点，树立人类命运共同体意识，理解人类共同崇尚的核心观念，培养学生的家国情怀，培养社会主义核心价值观，形成自尊、自信、自立、自强的良好品格，学会做人做事，形成正确的人生价值观，成长为有文明素养和社会责任感的人，真正实现英语学科的育人价值。

（4）提高学习能力

《新课标》指出，学习能力指学生积极运用和主动调适英语学习策略，拓宽英语学习渠道，努力提升学习效率的意识和能力。主题意义引领下的初中英语阅读教学要求教师要创设相适切的语境，引导学生用自主、合作的学习方式，积极参与一系列主题意义的探究活动。随着活动的层层深入，学生与其他同学的交流也不断增多，可以了解和借鉴同学的一些好的学习方法，重新审视、评价、反思自己的学习方法，建构和完善自己的学习策略并优化学习方法，提高学习效率，从而使自己的学习能力逐步提升。

二、基于主题意义引领的阅读教学实践

现行人教版初中英语教材每一单元的阅读课都通过语言结构呈现不同的教学内容，表面上看各个教学内容毫无关联，但实际上，它们都蕴含着特定的主题，如生活与学习、做人与做事、环境保护、人际沟通等。因此，在英语阅读教学中，教师在关注语言的"形"的同时，更应关注语言的"神"。特别是在主题意义引领下，沿着"确定主题—激活主题—内化主题—强化主题—升华主题"的教学主线，创设一系列适切的教学活动，层层递进开展主题探究活动，促进学生在语言文化、思维品质以及价值观、学习能力等方面的发展。下面，笔者以人教版九年级英语Unit 7 Section B 2b中的阅读材料Should I be allowed to make my own decisions? 为教学例子，阐述在初中英语阅读教学中，如何在主题意义引领下设计教学活动，使英语学科真正实现育人价值的目标。

1. 挖掘内涵，确定主题意义

只有找准切入点，教学活动才能有的放矢。因此，确定正确的主题意义是开展英语阅读教学的重要一环，为后面开展主题意义的探究活动，落实英语科

育人目标提供了必要的前提条件。作为发挥主导作用的教师，首先要深度解读文本，关注文本特征、语言特点与主题意义之间的关联，挖掘语篇内涵，明确教学的重难点，从而确定正确的主题意义。

上述授课语篇的主题为"人与自我"中的"未来规划"，笔者以文本探究的三个维度what、why和how为框架，对语篇的内涵进行深度挖掘，为课堂教学谋篇布局，确立其主题意义为"树立正确的人生观"。其中，what关注的是语篇内容，包括何时、何地、何人做了何事等内容，传递语篇的基本信息：有一个叫刘宇的男孩，他的梦想是成为职业运动员，而他的父母因为担心他的前途而劝告其以学业为重，由此亲子之间产生分歧；why关注的是语篇意图，包括作者的视角、作者的观点、文章内涵，传递语篇的育人价值：引导学生根据自己的实际情况确定目标，科学地规划自己的人生，并为此而努力奋斗，并且也要认识到在实现梦想的道路上必定存在着许多困难，有可能失败，但不能因此而放弃，应该树立积极的人生态度，克服人生道路上的挫折，努力实现自己的理想；how关注的是语篇结构，包括文章的体裁、结构、逻辑关系等，传递语篇的培养技能：本文是一篇应用文，作者按照从总到分的逻辑关系安排语篇顺序。开头部分先进行综合叙述，引出该语篇的主题意义，然后引导学生对刘宇跟父母的分歧进行讨论，培养学生的逻辑思维能力，提高他们的批判性思维能力、语言表达能力和创新能力，最终培养了学生的核心素养。

在主题意义引领下的语篇教学中，教师应帮助学生学习并掌握相关的语言知识和技能，为以后更深刻理解主题意义打下坚实的基础。

（1）语法知识：含有情态动词的被动语态。

（2）重点词汇短语：support, enter, get in the way of , make a choice, make a decision for oneself, be serious about, have nothing against doing something, spend time on, achieve one's dream.

（3）运用所学知识解决生活中实际问题：辩论，为同学排忧解难，科学规划自己的人生等。

2. 创设情境，激活主题意义

情境创设是课堂教学不可忽视的环节，情境创设的好坏直接影响课堂质量。在基于主题意义引领的导入环节,教师要善于通过图片、视频、问题、故事等各种相关的教学资源创设适宜的情境,引入语篇的主题,并激活学生的背景知识,在激发他们的学习兴趣的同时,帮助学生初步感知文本的主题意义,为后续的任务开展做好充分的语言和话题准备。

在本语篇的导入环节,教师可先播放歌曲《Dreams》,让学生感知背景知识。接着教师可向学生介绍自己孩子的爱好以及自己对孩子的爱好的态度,这样不仅拉近了师生间的距离,而且帮助学生初步认识本语篇的主题意义。然后教师因势利导,引导学生思考并分享下列问题:

(1) What is the decision you want to make the most now?

(2) Do you think you might be allowed to make this decision? Why?

因为教师的亲身经历容易引起学生的共鸣,他们都乐于跟老师分享自己的兴趣爱好(见图1)和父母对此的态度。

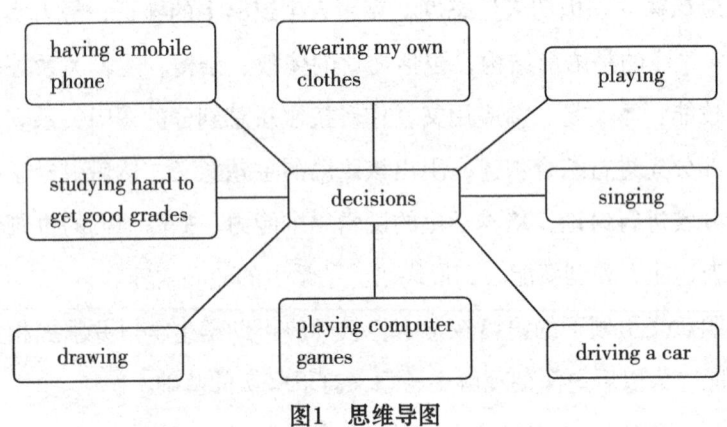

图1 思维导图

从学生们分享的愿望可以看出,只有一部分学生选择努力学习,大部分学生选择了其他的娱乐活动。当被问到父母是否允许这样选择时,除了努力学习选项外,其他的选择基本都是不被允许的,原因就是这些爱好与学习无关,家长担心孩子的学习会受到影响。学生分享的生活实践问题,激发了学生的参与热情,激活了该语篇的主题意义,为学生观察和思考语篇所承载的主题意义提供了动力。

(设计意图:在pre-reading环节,围绕语篇主题意义引导学生分享生活经历，建立了文本信息与学生已知经验的关联，吸引学生的认知注意力，激发学生的学习兴趣，激活了语篇的主题意义，初步激发学生的探究动机。在交谈中教师可以趁机处理可能造成理解障碍的生词，如enter、support、get in the way等，同时也可以补充输入其他语料。活动的设置能唤起学生探究语篇的热情，学生带着这些疑惑进入语篇的学习，为理解和内化语篇的主题意义奠定基础。）

3. 设置活动，内化主题意义

课堂教学活动是教师组织和实施教学，实现教学目标的最主要的手段之一。教师设计教学活动时应关注语篇的核心主线，设计一些突出语篇主题意义的活动，引领学生深入解读文本，帮助学生理解语篇内涵，从而加深对主题意义的认识，进一步内化主题意义，完成教学目标，提高教学效率。基于该语篇的主题意义，笔者设置下列各项活动，一步步引导学生深入梳理语篇信息，深层领悟语篇的主题意义。

（1）借助思维导图，整体感知主题意义

在while-reading环节，教师可依托语篇内容，设计下列思维导图（见图2），引导学生依托思维导图寻找相关的信息，快速浏览语篇内容，整体感知语篇的主题意义。

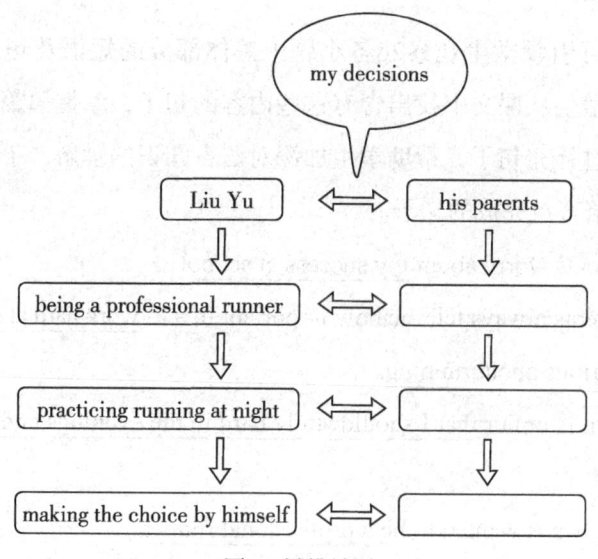

图2 思维导图

下面是学生通过浏览语篇所找出的父母对其各项决定所持的态度。

① Being a professional runner. ↔ He needs to think about other possible jobs.

② Running at night. ↔ He should study hard in the evening.

③ Making the choice by himself. ↔ What will happen if he doesn't succeed?

（设计意图：思维导图是表达发散性思维的有效图形思维工具，是一种实用的思维工具。它为主题意义探究的可视化提供了有效工具，它可以展现主题大意、内容层级、逻辑线索等多个不同层面的信息，重新组成新的模型，帮助大脑处理信息和思考复杂的问题。在while-reading环节利用思维导图建构文本信息，帮助学生整体感知主题意义的同时，也培养了他们的逻辑性思维能力。）

（2）扫除语言障碍，再次认知主题意义

为使学生更深层地领悟主题意义，教师必须帮助学生及时掌握并灵活运用语篇中一些单词、短语及句式等重要语言内容，扫除阅读中的语言障碍。为此，笔者尝试采用"观察—理解—应用"的词汇教学模式，在该语篇主题意义的引领下，以2d中的活动任务为出发点，搭建了语言材料的支架，引领学生掌握并运用文章中的这些重要的语言点，为以后更深层次探究、领悟主题意义奠定了重要基础。

① 观察理解

教师首先可引领学生观察2d各小题中黑体部分的短语及句式，猜测其含义，接着再让学生从课文中找出含有这些内容的句子，掌握语篇的重要语言知识。然后再通过补充句子，帮助学生加深对语言知识的理解。下面为学生结合语篇中重要的语言点完成的句子。

a. My parents worry about my success at school.

b. My parents always tell me how important it is to work hard at school.

c. I am serious about running.

d. I think it is unfair that I should study hard in the evenings and I can't practice running at night.

e. I have always wanted to be a professional runner.

f. I need to think about what will happen if I don't succeed.

g. I need to spend more time on my homework.

② 运用提升

借助前面环节搭建的语言支架，在帮助学生扫除语言运用障碍的基础上，教师可再次引导学生结合自身实际，补充上面环节的句子，进一步运用和巩固相关的语言知识，在培养学生的逻辑思维能力的同时，提升他们的语言理解和表达能力，并且让学生在语言表达中进一步理解、内化语篇的主题意义。下面是学生对语篇语言知识进一步运用提升的具体内容：

a. My parents worry about my health/my height/my weight.

b. My parents always tell me how important it is to be polite and honest/ be healthy/get on well with others.

c. I am serious about playing the piano/playing football/drawing.

d. I think it is unfair that I can't choose my own clothes/I can't wear my own clothes to school/I can't go out with friends at night.

e. I have always wanted to be an English teacher/a pilot/a singer.

f. I need to think about where I will go on vacation this winter holiday/what to do if I can't enter high school.

g. I need to spend more time on sports, because I'm not good at running and jumping/housework, because my mother is always busy.

（设计意图：语言知识是探究主题意义的基础，在主题意义的引领下，教师通过搭建语言支架，引导学生观察、理解和运用语言知识点，有助于扫除语篇学习的障碍，为后面的活动探究奠定基础。此活动的设计不仅有助于学生学习新的知识点，而且也帮助学生加深对文本主题意义的理解，同时也有助于学生思维品质的培养。）

（3）巧设问题情境，深层领悟主题意义

在整体感知主题意义的基础上，教师可设计相关的问题链，引导学生深入剖析语篇的内涵，挖掘语篇的主题意义。学生通过分析和思考教师设置的问题情境，由浅入深，层层剖析，深度领悟语篇的内涵。笔者依据文章内容设计了下列问题：

Q1: What can get in the way of teenagers' schoolwork?

Q2: What do their parents worry about?

Q3: What do you think makes up a child's success at school?

Q4: How do Liu Yu's parents feel about his dream?

Q5: Why don't they allow Liu Yu to train so much?

Q6: Is it really important to enter university?

Q7: Is it difficult to become a professional sports star?

Q8: What advice can you give to Liu Yu and his parents?

Q9: Do you have the same problem as Liu Yu?

（设计意图：通过问题链的方式引领学生对文本中的内涵和主题意义进行抽丝剥茧，由表及里的挖掘，有利于学生逐渐加深对主题意义的认识，同时为后面进一步升华主题搭建内容、语言、意义的支架。学生在寻找和分享信息的过程中，不但丰富了情感体验，也促进了思维品质和语言能力的有效提升。）

4. 拓展教材，强化主题意义

《新课标》提出，在以主题意义引领的课堂上，教师要通过创设与主题意义密切相关的语境，特别是通过对不同观点的讨论，提高学生的鉴别和评判能力。在学生领悟了语篇承载的主题意义的基础上，教师可通过讨论、辩论等形式拓展语篇内容，加强对语篇的探究。

该语篇的主题意义是Planning life，教师可引导学生围绕语篇的主题Should I be allowed to make my own decisions? 进行辩论。考虑到初中学生的知识水平以及年龄特点，笔者首先进行了下列准备工作：把学生分成八个小组，其中四个小组作为正方的代表，另外四个小组作为反方的代表，并且各小组选出一位组长；介绍辩论规则，使辩论有章可循；提供适当的范例，以便学生有模可依等。接着让各小组在组长的带领下先熟悉辩论的规则，分配具体任务，各小组成员依据自己的任务进行讨论，形成统一的意见，适当时还可以把发言材料记录下来，做好充足的辩前准备；然后正反双方在课堂上开展辩论。下面为学生辩论的部分内容：

S1: I think that Liu Yu should be allowed to practice his hobby as much as he wants, because he is good at running. I think he can succeed at last.

S2: I don't think so. I think his parents are right, they care about him. He must think about his future.

S3: I don't agree with your opinion. Everyone must have a dream and try hard even if he may fail at last.

S4: I think we are too young and we must be realistic. After all, very few people can become a champion.

S5: ...

在学生进行辩论时，教师应适时对学生进行点拨，修正学生思想认识上存在的偏差，引导学生树立正确的人生观和价值观。学生辩论后，教师还应该做好总结，一方面因为此年龄阶段的学生敢想敢做，他们有着远大的理想和目标，所以教师应该鼓励学生努力学习，为梦想而不懈奋斗，力争取得成功；另一方面因为学生的思维不够成熟，而实现梦想的道路上可能存在一些困难和失败的经历，所以教师也应鼓励学生培养坚强的意志，勇敢地去战胜挫折，多考虑长辈的意见，毕竟他们有着更丰富的阅历，他们考虑问题更全面。

（设计意图：辩论的作用在于"明是非，审治乱，明同异，察名实，处利害，决嫌疑"。通过辩论，可以帮助学生解决学习中存在的各种疑惑，进一步拓展语篇内容，在强化语篇主题意义的同时，开发学生的智力，培养学生的合作和竞争意识，提高语言表达能力、批判性思维能力和应变能力等，英语学科核心素养在辩论过程中得到全面的培养。）

5. 超越语篇，升华主题

《新课标》指出，六要素整合的英语学习活动观，是指学生在主题意义的引领下，通过学习理解、应用实践、迁移创新等一系列体现综合性、关联性和实践性等特点的英语学习活动，帮助学生建构和完善新的知识结构，深化对该主题的理解和认识。初中英语阅读教学要求教师既要依靠语篇，又要超越语篇。在完成文本阅读与文本信息建构之后，教师可依据主题意义拓展教学活动，对主题意义进行升华，切实提升学生的综合素质和英语学科核心素养。笔者在完成教材的教学任务后，尝试设计了学校咨询项目活动（School Counseling

Program），使学生在重构文本中对主题意义获得更深层次的理解，使主题意义的探究迁移到更广阔的思维领域，从而对主题意义的理解进一步升华，达到育人的教学目标。下面是笔者设计的语篇拓展活动：

（1）活动目的

分享自己生活中的烦恼，通过同学间的理解与沟通，减轻自己的心理压力。

（2）活动步骤

① 每一个学生把自己的烦恼写在字条上，不必写名字，一句话、一段文字都可以，然后统一交给老师。

② 教师随意抽出一张同学上交的字条，念出这位同学的烦恼，全班同学轮流举手发表见解，给出建议，帮助同学减压。

从学生上交的咨询内容中，我们不难发现学生的烦恼多种多样。主要包括strict parents、too much homework、boyfriend/girlfriend problems、be misunderstood by friends/parents/teachers、difficulty in getting along with classmates、poor school results等。针对同学存在的烦恼，学生们纷纷发言，用学过的语言知识表达自己的看法，同时给出自己的建议。大家在讨论问题、解决问题的过程中，语篇的主题意义得到升华，学生的学科核心素养也得到培养。

（设计意图：拓展活动的设置，既紧扣语篇主题意义，又实现主题意义探究的迁移创新。学生通过"做中学、学中做"，内化语言知识的运用，在真实情景中体验学习英语的乐趣。这样的活动不仅激发学生用英语进行表达的热情，而且使"做人与做事"的主题探究更具有现实意义。）

三、启示与建议

笔者在初中英语阅读教学中，努力改变碎片化的教学方式，采用以主题意义为引领、六要素整合的教学方式，努力实践英语学习活动观。在这一过程中，教师以主题意义探究为目的，以语篇为载体，以活动为阶梯，在培养学生语言能力的同时，帮助学生树立正确的人生观和价值观，英语学科的四大素养同时得到培养。在活动实施过程中，笔者有下列感悟：

1. 在设计教学目标之前，教师一定要研透教材，明确语篇所承载的主题意义，然后围绕主题意义系统设计教学内容和教学活动，避免出现传统阅读教学的碎片化模式。

2. 在设计教学活动时，教师不仅要关注教材和知识点，还要关注学生真实生活中的问题，将学生自身的知识、经验、情感与学习内容结合起来，引导学生将所学知识应用于自己的生活，解决日常问题，实现迁移创新。

3. 主题意义引领下的初中英语阅读教学，应把协同发展英语学科四大素养作为教学的目标，而不是单一培养某一素养。要做到这一点，教师必须努力提高自身的文本解读能力，设计有针对性的语言实践活动，使语言学习的过程成为学生发展语言能力、形成文化意识、提高思维品质、提升学习能力的过程。

4. 主题意义引领下的英语教学，并不是一种完全独立的教学方法，教师在实际课堂教学中可把主题式教学与其他教学模式，如任务型阅读教学模式、支架式教学模式、问题链教学模式等结合起来，全面培养学生的核心素养，提高英语阅读教学的实效性。

5. 教师应充分利用现代化信息技术，如微课、翻转课堂、慕课等，促进信息技术与课程教学的深度融合，既丰富了英语课程资源，拓展学生的学习渠道，又促进学生的有效学习和英语学科四大素养的形成与发展。

四、结语

英语学习的过程应该是学生主动建构意义的过程，在初中英语阅读教学中，教师要有一双发掘"主题意义"的慧眼，树立主题意义引领的意识，努力提高自身的文本解读能力，通过一系列具有综合性、关联性特点的语言学习和思维活动，引导学生主动学习、探究和实践，推动学生对主题意义的深度学习，培养他们的语言理解和表达能力，树立正确的世界观、人生观和价值观，做到知行合一，把英语学科的工具性和人文性都落到实处，提升学生的英语科核心素养，真正实现英语学科的育人价值。

参考文献

[1] 中华人民共和国教育部. 普通高中英语课程标准（2017年版）[M]. 北京：人民教育出版社，2018.

[2] 中华人民共和国教育部. 义务教育英语课程标准（2011年版）[M]. 北京：北京师范大学出版社，2012.

[3] Long, M. Input, interaction, and second language acquisition. In H. Winits （ed.）, Native Language and Foreign Language Acquisition [M]. New York：Annals New York Academy of Sciences，1981.

[4] 杨莉娟. 活动理论与建构主义学习观 [J]. 教育科学研究，2000（4）.

[5] 龙晋巧. 基于主题意义探究的英语教学实施方法 [J]. 中小学英语教学与研究，2018（11）：15-19.

[6] 程晓堂，岳频. 语言作为心智发展的工具——兼论外语学习的意义 [J]. 中国外语，2011（1）.

[7] 中华人民共和国教育部. 义务教育课程标准实验教科书·英语（Go for it!）九年全一册 [M]. 北京：人民教育出版社，2013.

3

第三篇

思维品质篇

知识不仅依靠教师向学生进行传授，传授给学生知识并不是教育的根本目的，让学生学会探究知识的方法，培养出独立的思维能力和批评精神才是教育的终极目标。

——教育家弗雷内

初中英语语法复习中思维品质培养的策略研究

语法是贯穿英语学习和评价的主线，必须引起我们的重视。本文从传统初中英语语法复习中的问题入手，以定语从句为语法复习课例，阐述了在初中英语语法复习中运用合作学习教学模式，培养学生思维品质的应对策略。通过学生之间的合作探究和发现归纳，实现了从语法知识的学习向语法应用能力培养的转变，促进英语学科核心素养的全面落实。

王蔷指出："虽然对语法在语言学习中作用的观点存在分歧，但是语法的重要意义不容忽视。"语法是语言的核心，是语言学习中必不可少的一部分，无论是平时的教学还是各类测验，包括历年广东省初中毕业生英语科学业考试，语法一直有着比较重要的地位。在英语测试中，语法知识的掌握程度影响学生对完形填空语境的理解、阅读理解中长难句的精准解读、短文填空中词语的正确选用以及写作中书面语的得体运用。

随着《新课标》的颁布，英语语法试题的设计逐渐加大了对学生核心素养中品质和能力方面的考查力度。例如，从2018年广东省中考英语试卷中我们可以发现，除了传统语法项目的考查之外，语言能力、文化意识、思维品质等英语学科核心素养的维度也被巧妙地融入语法考查之中。因此，核心素养视角下初中英语教师在平时的教学实践中，应合理设计语法复习任务，通过语法复习课让学生在掌握语法知识的同时，培养学生的思维品质，力求核心素养教学目标在语法复习课中得到全面落实。

一、初中英语语法复习中的具体问题

《新课标》指出，教师要意识到语言使用中的语法知识是"形式—意义—使用"的统一体，学习语法的最终目的是在语境中有效地运用语法知识来理解和表达意义。但在传统的英语语法复习课中，很多英语教师囿于教材和时间的限制，在语法复习课中总是围绕《中考考纲》规定的语法项目进行专项复习，一般采用"归纳—举例—练习"的语法复习模式，即在复习过程中，教师首先详细地归纳语法规则并灌输给学生，在讲解过程中，对某些例子加以解释，最后辅以大量的语法练习。这样就经常出现教师认真讲，学生被动接受语法知识的局面。这样的语法复习缺乏具体的语境，学生缺乏思考的机会，很不利于培养学生的逻辑性、批判性和创造性等思维品质，也不利于增强学生的语法意识和培养学生的语言运用能力和学习能力，容易导致学生在试卷中出现各种各样的语法错误。例如，时态运用错误，基本句式运用不当，句子结构不清晰，各种词类形式不正确等，严重影响了学生最终完成任务的效率。

笔者通过调查发现，传统的语法复习课存在许多弊端，不符合《新课标》的要求，具体表现为：

1. 复习课缺乏信度

信度即可靠性，在教学中指教学效果的可靠程度。广东省中考的语法考查，除了体现在单项选择题之外，在短文填空、完形填空、书面表达等题目中也都有体现，考试涉及的语法知识繁多而且琐碎。因此，在语法复习课中，很多教师认真围绕《考纲》里面的语法项目进行详细和系统地讲解，经常出现"一言堂"的现象，教师没有关注学生对语法知识的学习过程以及认知态度。其实，要使学生更好地掌握语法，教师不一定要把那些语法知识全部灌输给学生。在语法复习课中，如果教师一味地讲解语法知识，安排大量的练习，学生会觉得学习语法很乏味，导致学生学习缺乏动力。"一言堂"的教学策略以及"题海战术"让学生一直都在被动地接受语法知识，他们没有时间进行思考、质疑和反馈。他们对一些选择题的答案可能是通过猜测得来的，教师很难判断学生是否已经掌握了该语法知识。这样的复习课阻碍了师生间的交流，很难调动学生的学习积极性,不能发挥学生的主体作用,束缚了学生思维能力的发展,制约了学生英语应用和实践能力的全面提高,教师也不能及时调整复习策略,这样的复习效果不好,教学效率当然也不佳。

2. 复习课缺乏深度

深度学习即指主动地、探究式地、理解性地学习,它要求学生主动地建构知识意义,将知识转化为技能并迁移应用到真实情景中解决复杂的问题,进而促进学习者解决问题的能力、批判性思维、创造性思维等高阶能力的发展。无论是哪种复习方式,只要能引起学生在认知情感、技能等方面发生系统的变化,学科核心素养和关键能力得到整体提升,就能称为深度教学。但在传统英语语法复习课中,有些教师把语法复习课与新授课的方法混为一谈,新授课与复习课界定不清,在语法复习课上,有些教师重点关注语法规则和语法形式,讲解还是停留在语法的表层知识上,忽视了学生分析性思维能力、创造性思维能力以及实用性思维能力的培养,这样的语法复习缺乏深度,只停留在表层。

3. 复习课缺乏温度

"做有温度的教育",一直以来是很多教育者孜孜不倦追求的目标。海风教育联合创始人俞昊晟说过:"教育行业更有温度的落脚点在于因材施教。"由于每一个学生在性格、学习态度、接受和消化知识的能力、思维特征等方面存在差异,因此,教师首先应该对授课对象进行详细的调查了解,做到心中有数,以期有的放矢,不盲目施教;其次,教师应该尊重个性差异,制订专门的复习方案,为学生们提供适切的教学服务。但在现实的语法复习课中,有些教师只注重对语法规则和形式的讲解,并且为了节省时间,教师设计的复习课缺乏必要的话题连接和具体的语境,呈现的只是碎片化的语法知识和规则,并配置大量的只针对语法的、乏味的练习。这样的语法复习课没有充分考虑学生的年龄特点和实际需求,弱化了学生的主体地位。这种单向的、表层的语法复习课明显缺乏温度,课堂学习枯燥乏味,难以与学生产生共鸣,也难以使学生主动学习,自觉思考以及热情参与,大大削弱了学生学习英语的积极性。学生的各种思维品质也得不到培养和发展,不利于英语学科的核心素养的形成。

二、合作学习模式的理论综述

随着《新课标》的正式颁布，培养学生的品质，促进学生健康成长，已经成为初中英语各种教学活动的主要目标之一。著名教育家弗雷内说过："知识不仅依靠教师向学生进行传授，传授给学生知识并不是教育的根本目的，让学生学会探究知识的方法，培养出独立的思维能力和批评精神才是教育的终极目标。"在初中英语语法复习课中，越来越多的英语教师努力地探索和尝试运用合作学习的教学模式，以期通过学生之间的合作探究和发现归纳，使英语语法复习从单纯的语法知识学习转变为语法应用能力的培养，使学生在认知、动机、行为三方面成为积极的参与者，促使学生自主地学习，从而有效地培养学生的思维品质。

1. 理论内涵

合作学习（cooperative learning）是指学生为了完成共同的任务，有明确责任分工的互助性学习，是以同组异质小组为单位，以小组成员合作性活动为主体的一种教学策略。合作学习是20世纪70年代末由美国教育学家布卢姆提出的，它很快就成为当代主流教学理论与策略之一。

我国教育学家王坦认为："合作学习是一种旨在促进学生在异质小组中互助合作，达成共同的学习目标，并以小组的总体成绩为奖励依据的教学策略体系。"它克服了传统教学模式的弊端，改革了课堂教学的方式，将学生个体间的学习竞争关系改变为"组内合作""组际竞争"的关系，将传统教学中师生之间的单向或双向交流改变为师生、生生之间的多向交流。由于每个学生的学习能力、学习兴趣、知识面都不一样，因此，在合作学习的过程中，学生间、师生间的互相启发，相互讨论都会将一些学生的思维导向一个新的领域并出现一些新的视角。通过合作讨论、探究，学生之间就会产生一些有价值的观点，甚至产生新的、值得讨论的问题，促进知识不断生成，不断建构，不断创造，有利于提高学生的学业成绩，更有利于其思维品质的培养，这比单纯传授性的教学方式更受学生欢迎，对于提高教学效率有着明显的实效。

2. 运用依据

国务院《关于基础教育改革与发展的决定》中明确指出，合作学习能促进学生间的相互交流、共同发展，促进师生教学相长。章兼中教授在其专著《外语教育学》中指出："课堂教学中师生交往的形式是多种多样的，但学生之间和小组之间的交流尤为重要，更主要的是生生交往。"同龄的学生更容易相互传递和接收信息，合作学习更易激发学生的参与意识并产生良好的效果，在合作学习中学生的逻辑性和批判性、创造性思维能力得到有效的培养。

《新课标》也倡导指向学科核心素养的英语学习活动观和自主学习、合作学习、探究学习等学习方式。由此可见，在初中英语语法复习课中，运用合作学习模式不但符合义务教育阶段的英语教学要求，也符合核心素养视角下的培养理念，值得我们大力提倡和运用。

3. 培养目标

英语课程应成为学生在教师指导下构建知识、发展技能、活跃思维的过程。在英语语法复习课中运用合作学习教学模式，不仅是为了满足学生掌握语法知识的需要，更是为了培养学生的思维品质，全面落实英语学科核心素养的要求。通过合作学习，培养学生准确、得体地使用语言形式的意识，促使学生学会运用语法知识理解和表达意思，学会运用英语表达真情实感。通过合作学习，学生通过比较、分析、归纳等思维活动，发现语言规律，理解语法内涵，主动建构语法知识，实现课堂教学交际化，增加用英语交流的机会，提高学生的语言运用能力。通过合作学习，学生参与有目的、有计划、有组织的课堂讨论活动或者辩论比赛，活跃和扩展学生的思维，对于培养学生的逻辑性、创造性、批判性等思维能力颇有裨益。通过合作学习，学生转变了学习方式，学生由原来的 "苦学"转变为"乐学"，由"被动学习" 转变为"主动学习"，由"维持性学习" 转变为"生成性学习"，由"为考试"转变为"为品质"。"合作学习"教学策略比教师的纯讲解更加切实有效，更加受到学生的欢迎。

下面，笔者以the Attributive Clause为语法复习内容，谈谈核心素养视角下在初中英语语法复习课中，教师应该怎样恰当运用合作学习教学模式，有效培养学生的思维品质。

三、课例呈现与分析

1. 合作前定岗定责

学生是学习的主体,一切活动的开展都要围绕学生这一主体来进行。在初中英语语法复习课中,为了有效开展合作学习,教师首先要对全体学生进行合理分工,科学配置,定岗定责,使每个学生都能发挥主观能动性,勇于承担责任,充分发掘自己的优势和特长,保持良好的活动状态。在活动中通过比较、分析、判断、归纳等思维活动,促进批判性、逻辑性、创造性等思维品质的培养和发展,更好地促进学习任务的完成,使语法复习课更有实效。

教师在定岗定责时,首先,要充分考虑学生的年龄特点、兴趣爱好、知识水平、个性特征以及实际需求,还要根据心理学方面的理论知识以及组内异质、组间同质的原则,把不同学习基础的学生分配到同一小组,每个小组可配6名成员,并且都应该安排具体的任务,具体分工(见下图),即让小组内的各个成员根据各自的特长,担任一个具体的角色,并分配相对应的一项任务,从而保证每个小组在水平上大致相同,让学生在竞争中感受到压力,增加学习的动力,取得更好的合作效果;其次,要确保每一小组都有一两位成绩较好且敢于开口发言的学生,以便带动其他成员,为那些平时不愿意说话或者不敢开口的同学提供展示和锻炼自己的机会,让每个人在活动中有事可做,增进同学之间的互动,使各小组在开展活动时都能主动配合、共同学习、共同进步;最后,为了每一个学生的全面发展,为了帮助学生从不同的工作任务中发展不同的思维品质,也为了增强活动的新鲜感,保持学生参与活动的积极性,小组成员的角色应该定期轮换,以最大限度地提高学生的参与率,使所有的学生都能在合作学习中取得进步,最终促进思维品质的全面发展。

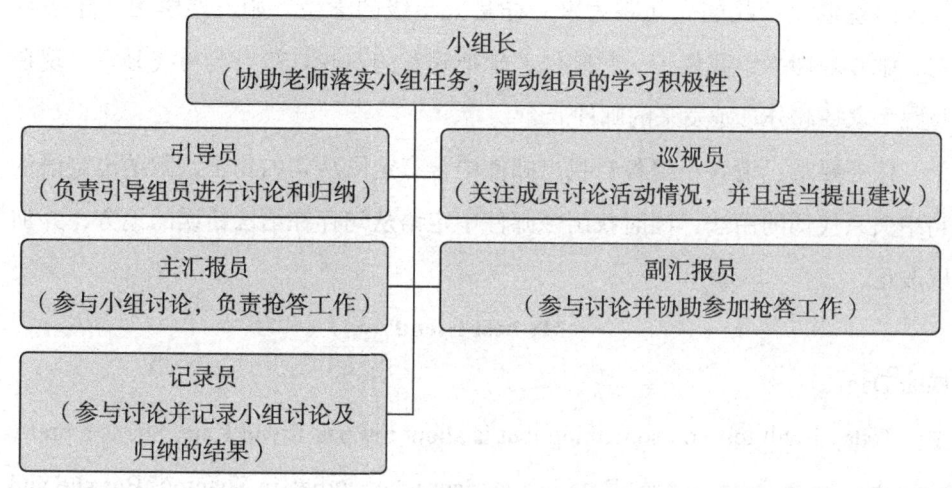

具体分工

2. 合作中有效培养

（1）小组合作，培养思维品质的逻辑性

教学的有效性在于逻辑性。逻辑思维是人们在认识事物的过程中借助判断推理等思维形式，能动地反映客观现实的理性认识过程，又称理论思维。周智忠认为，逻辑思维包括分析、综合分类、比较抽象、概括等方面。只有经过逻辑思维，人们才能实现对具体对象本质的把握，进而认识客观世界。本复习课的重点是定语从句的运用，定语从句是中考中经常考查的一个语法项目。为此，在复习前阶段，各小组根据教师设置的语境和任务，在组长的带领下对任务要求进行认真解读，每个小组成员通过观察、比较、分析、判断、推理等方式，概括并发表自己的观点，大家在认真聆听的过程中，可以及时补充意见，记录员及时把大家的观点记录下来，巡视员负责协调好同学的发言，特别要重点关注基础较差同学的参与情况，及时为他们提供讨论的机会。最后全体成员共同努力，对各个观点进行梳理、汇总，初步归纳出定语从句中that、which、who、whom等常用关系代词的用法和规律，而且把合作学习中发现的、不能解决的困惑归纳起来，作为小组的共同问题，在与全班同学交流中得到帮助。合作梳理的过程培养了学生的逻辑思维能力，也为下一环节的成果呈现做好准备。下面为复习前笔者为合作学习设置的语境：

语境创设：我的女儿跟大家一样是九年级的学生，她已经学习了定语从句，她昨晚即兴给我发了一封邮件，她把笔友的一些具体情况与我分享，现在我跟大家一起分享她发来的邮件。

　　任务要求：请各小组各自找出邮件中含有定语从句的句子，归纳出定语从句中关系代词的用法，同时找出该邮件中定语从句存在语法错误的地方，并加以改正。

My best friend

Dear Dad,

　　Today I will tell you something that is about my pen friend Kate. She is a pretty girl who she is from Hunan. Kate is a student who studies in Shantou. But she and I live in the same city. She likes watching the movies that is funny. So we often go to the cinema who stands near my home. She has a sister whom studies in a middle school. Her sister likes reading the books which are educational. She thinks A Brief History of Tomorrow is the best book which she has ever read.

　　（设计意图：思维品质培养中很重要的一点就是要培养学生观察、归纳、总结的能力。学生通过合作讨论，共同梳理，在教师创设的语境中掌握定语从句，发现和归纳出语法知识表象背后的语法规则，不断提升自己的归纳、概括能力；通过分析和比较，找出邮件中定语从句运用出现的某些错误，有助于学生树立运用准确且合适的语言现象表达语义的意识，培养学生的逻辑思维能力，使复习课达到事半功倍的效果。）

　　（2）全班合作，训练思维品质的批判性

　　经过小组成员的合作交流，各个小组都带着已经准备好的合作成果来到课堂上，他们都希望能在课堂上大显身手，检验自己的劳动果实是否更加丰硕。为了激发学生的参与热情，教师可设置竞赛活动让全班进行抢答，内容包括：陈述各自小组完成相关任务的成果，提出自己对某项语法知识点的质疑，解决同学存在的困惑等。为了突显竞赛活动的实效性，教师在课前与同学协商制定了下列竞赛规则，以期让活动有章可循，有序进行，高效省时。

　　①由正、副班长组织活动，科代表负责主持。

② 活动时间为15分钟，抢到回答机会的小组派代表回答问题。
③ 同学可以质疑其他小组总结的语法规则，被质疑的小组负责释疑。
④ 同学可以提出在小组合作时有困惑的地方，由其他同学帮助解决。
⑤ 由各小组投票评选出本次活动的"最佳表现团队"和"最有创意团队"。

在竞赛中，以小组为单位，使各小组成员有归属感，亲身体会到学习的乐趣和意义，优生充分发挥自己的潜能，主动提问和回答问题，为小组这个集体争取荣誉，同时鼓励和帮助平时胆小、缺乏自信的同学尝试发表自己的看法和见解，也带动本组的学困生多发言，保证他们达到基本要求。"最有创意团队"的评选活动鼓励同学敢于质疑，从质疑中加深对语法知识的认知，从而培养学生的批判性思维能力。在竞赛中，全班同学相互倾听、分享、合作、互助和质疑，学会从不同的角度思考或回答问题。在竞赛活动中，学生也不断受到其他同学的启发，使每一个同学的潜能得到充分的发挥，反思能力不断增强，批判性思维也得到有效的培养和拓展；在竞赛中，教师应该为学生创造自由宽松的活动环境，以"听""观"为主，必要时才"插嘴"，给予提示性帮助，让学生变成舞台上的主角，他们就会迸发出更大的热情，更加积极参与到竞赛中来，挖掘自己的潜能，开阔思路，使批判性思维得到进一步的拓展，也促使课堂能有序、高效地进行下去，提高课堂效率。只要学生主动发言，特别是那些平时不敢开口的学生，教师要及时肯定，千万不要吝惜赞美，可以给予掌声或一些鼓励性评价，如："I believe you can do well./Well done./Come on." 等。对于有创意的质疑，即使提出的问题不符合实际，教师对其质疑的精神也应给予充分的肯定，为学生批判性思维的发展创设空间，促进学生的可持续发展。当然，在全班交流的过程中，教师应发挥监督和点拨的作用，防止学生的讨论偏离主题，特别是当学生对某个知识点提出的质疑超出同学的知识水平或者已经偏离了知识的范围时教师应该进行解围，以便使竞赛活动有序地进行下去。同时，教师应仔细观察，关注学生的参与情况，当知识竞赛过程中出现短暂冷场的时候，教师应及时指导，适当点拨，同时给予学生情感动力，发挥学生的主观能动性，增强合作学习的实效。

下面是学生知识竞赛中的部分片段：

The monitor: Who can find out two sentences about the attributive clause from the e-mail?

Li Hong from Group 2: Let me answer the question. The first sentence is "I will tell you something that is about my pen friend Kate". The second is "She is a pretty girl who she is from Hunan".

Zeng Lin from Group 2: Let me ask a question. Who can point out some mistakes from the two sentences?

Li Lin from Group 1: In the sentence "She is a pretty girl who she is from Hunan", the second "she" must be cut out. Here I'd like someone to explain the differences between the two sentences "I'll never forget the day that I spent in Beijing" and "I'll never forget the day when I went to Beijing". Thank you!

Zeng Hua from Group 6: Let me finish the task. In the first sentence, the relative pronoun "that" is used as an object. But I don't know how to explain the second sentence.

Teacher: Because we haven't learned the use of the relative adverb. In the second sentence, "when" is used as the relative adverb.

（设计意图：知识竞赛活跃了语法复习课课堂的教学气氛，学生的学习热情被充分调动出来，他们可以质疑，也可以表达自己的观点和看法，畅所欲言，变"要我学"为"我要学"。在竞赛活动中，同学之间通过互相提问，互相辩论，学会取长补短，共同促进，熟练掌握了the Attributive Clause的用法，又提高了听说的基本技能，同学之间就语法知识提出不同的见解，通过质疑活动，发展了学生的批判性思维能力。）

（3）实践运用，激发思维品质的创造性

语法不仅是语言形式或者使用的规则，而且是我们用来思考和表达的工具。创造性思维本质是发散性思维，我们在遇到问题时使用这种思维方式能多角度、多侧面、多层次、多结构去思考，去寻找答案，可摆脱现有知识的限制和传统方法的束缚。在英语语法复习课中，学生通过小组交流以及全班交流活动,已经基本掌握了语法规则及注意事项。此时,教师应该总结、归纳语法规则和注意点,让学生准确、完整地理解定语从句的用法,而且要乘胜追击,让学生围绕开放性的话题What am I like?进行自我介绍,让学生在实际语境中用语法知识进行思考与表达,从而加深对定语从句的理解和提升语言的运用能力,发展思维的创造性、开放性与灵活性。教师可鼓励学生用定语从句向同学介绍自己,在活动开始之前,教师可让学生先进行小组合作讨论,确定文章的结构及句式,然后依据下列框架进行描述。

What am I like?

I am a student怎样的外貌 I think I am a boy/girl怎样的性格 So I have many friends怎样的朋友 I have some hobbies怎样的爱好 For example, I like listening to music怎样的音乐 I want to be an English teacher怎样的老师

下面为一名学生的自我介绍:

What am I like?

I am a student that is very handsome. I think I am a boy who is very friendly. So I have many friends that like helping others. I have a friend called Tom who often helps a lonely lady on weekends. I have some hobbies that are very meaningful. For example, I like listening to music that is soft. I like watching movies that are about history. I want to be an English teacher that is loved by all the students.

(设计意图:设计与学生实际紧密相关的开放性话题,容易触动学生的情感,启发他们的创造性思维,让学生有话可说,帮助学生在与他人的交流中理解和运用语法知识,提高语言的综合运用能力。在此过程中,学生们可以不局限于教师提供的语言框架,创造性地运用其他语言表达主题内容,这样既激发了学生的潜能,也使他们的创造性思维能力得到了充分的培养。)

3. 合作后评价总结

经过前面的合作学习,学生们已掌握了定语从句的语法知识及运用规律。最后大约10分钟是教师的评价、总结时间。合作学习通常不以个人的表现情况作为评价的依据,而是以各个小组在达成目标过程中的总体成绩作为评价与奖

励的标准。教师应该把评价的权利交给学生，教师可设计《小组合作学习评价表》（见下表），包括自评和互评两方面，同时辅以小组同学寄语，让学生根据《小组合作学习评价表》进行自评和互评。

小组合作学习评价表

第_____小组　　　　　　合作学习内容：_____

职务	姓名	参与活动内容	提出的建议	其他优秀的表现	自评	互评	自己的话	同学寄语
组长								
引导员								
巡视员								
正汇报员								
副汇报员								
记录员								

这样的评价方式让学生实实在在感到自己就是学习的主人，增强了他们参与活动的兴趣和信心，促进合作学习的可持续发展。在自评中，许多学生都充分肯定自己的表现："I think I can learn more knowledge in this way, I love this teaching way. /I think I did well this time, but I believe I can do better next time./ I think my question is more creative." 在互评中，小组同学也对同伴做出了很高的评价："I think your behavior is so unbelievable! /I thought you didn't dare to speak in public, but you did very well./ I learned a lot from you, thank you!/ Your oral English is very good and you are good at English grammar."

《合作学习评价表》的设置，激发了学生的参与热情。学生通过自评、互评，看到自己与同学的差距，更加准确地分析自己的优点与不足，正确认识自我；在互相评价、共同讨论的过程中，学生学会了互相帮助，互相激励，互相交流，互相启发，也学会了竞争与合作；在评价他人时，又加深了对问题的认识，提高了比较、分析、评判、综合、概括的能力，培养了逻辑性、批判性、创造性等思维品质，从而不断完善自我，促进人格的健康发展。

最后阶段，教师应该对同学评选出的"最佳表现团队""最有创意团队"以及表现突出或有明显进步的同学，特别是平时不敢开口的学生给予充分的肯定并给予鼓励和表扬。

四、结语

合作学习是核心素养视角下学生的一种重要学习方式，而英语学科的自身特点又为学生的合作学习创造了有利的条件。它将班级授课制条件下学生个体间的学习竞争关系变为组内合作、组间竞争的关系，将传统语法复习课中师生之间单向或双向交流改变为师生之间、生生之间的多向交流，从而加强同学的合作，使学生在合作中各尽所能，最大限度发展自己。语法复习课的目标不仅是为了考试，更是倡导学生通过合作，获得更多学习语法、运用语法的机会，更好地理解语言，更多地提高语言运用的面与量，培养学生的交际能力和合作能力。在此过程中，多种形式的学习任务和活动，启迪了学生的思维，帮助学生提升高阶思维能力水平，培养和发展学生的核心素养，从而真正实现语言教学目标。

参考文献

［1］王蔷.英语教学法教程［M］.北京：高等教育出版社，2006.

［2］中华人民共和国教育部.普通高中英语课程标准（2017年版）［M］.北京：人民教育出版社，2018.

［3］章兼中.外语教育学［M］.浙江：浙江教育出版社，1997.

［4］中华人民共和国教育部.义务教育英语课程标准（2011年版）［M］.北京：北京师范大学出版社，2012.

［5］张金秀.英语学科思维品质培养面临的困境与对策［J］.中小学外语教学（中学篇），2016（7）.

［6］周智忠.指向学生思维品质发展的初中英语阅读教学［J］.中小学外语教学（中学篇），2017（9）.

［7］萧浩辉.决策科学辞典［M］.北京：人民出版社，1995.

［8］李爱云.在初中英语语法教学中渗透思维品质的培养［J］.中小学外语教学（中学篇），2017（1）：48-54.

［9］多湖辉.创造性思维［M］.北京：中国青年出版社，2002.

思维品质培养视角下问题情境教学法在初中英语阅读教学中的运用策略

思维品质的培养是英语学科核心素养的重要组成部分之一，也是初中英语阅读教学关注的重点内容之一。目前，初中英语阅读教学中存在着"重知识，轻技能""重结果，轻过程"以及忽视思维品质培养，教学形式单一化等问题。本文结合研究背景，通过教学案例，阐述了思维品质视角下在初中英语阅读教学中如何创设适切的问题情境，着重培养学生的逻辑性、批判性和创造性思维能力，使英语学科核心素养培养目标落到实处，真正提高阅读教学的实效性。

一、研究背景

问题是思维的向导，课堂提问是培养学生问题意识的重要手段，有效而恰当的提问是师生交流的桥梁。英语阅读作为培养学生综合语言运用能力的主要渠道之一，在英语教学中占有重要地位。学生在阅读文本时，需要围绕文本信息进行分析、推理、概括和评价等多种思维活动。教师如何根据文本内容设计问题，对学生的思维品质培养起着关键作用。因此，作为一名英语教师，在英语课堂上应该善于设置一些适切性的问题，巧设情境，努力激发学生的探究欲望，调动他们的学习兴趣，使学生积极、主动地参与教学活动。通过创设问题情境，可以开阔学生的思路，启发他们的思维，促进课堂教学的和谐发展，顺利完成各项教学任务。

为了在初中英语阅读教学中采用更适切的教学模式，更好地培养学生的思维品质，笔者选取了学校45名学生作为实验对象，并且在实验初期先对他们的阅读现状进行问卷调查，下面为调查结果（见图1）。

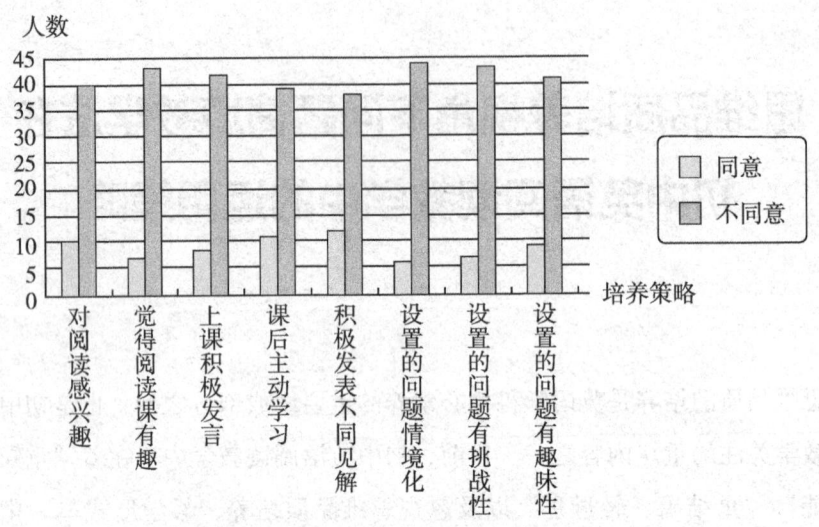

图1 学生阅读现状问卷调查（实验初期）

从问卷调查结果以及对其他教师的访谈中我们不难发现，当今的初中英语阅读教学现状不容乐观，对学生的思维品质培养没有达到理想的效果。首先，有些英语教师在教学中"重知识，轻技能"，过于注重对词汇和句子意思的讲解，纠结于文章细节，为考试而教，导致学生的思考角度单一，想象空间狭窄，思维参与度低，限制了思维品质的发展；其次，有些教师习惯设计和使用封闭式问题，缺乏整体意识，在英语阅读教学中形成了固化的教学模式，即教师先讲授生词和语法知识，然后引导学生快速阅读语篇，再进行选择性地阅读，最后让学生回答老师所提的问题等。这样的教学模式限制了学生的思考空间，不利于培养学生的思维品质。另外，有些教师忽视学生的质疑，弱化了批判性思维能力的培养，扼杀了学生学习的积极性；最后，教师设计的问题侧重于文本的表层，学生思考问题流于表面，无法深入探究文本的深层含义。这样的阅读课形式单一，学生大多只是被动地接受知识，缺乏思考的时间和空间，他们的思维能力得不到有效的培养。

针对初中英语阅读教学中存在的问题，笔者尝试使用"问题情境教学法",围绕语篇主题意义创设适切性的问题情境,以期更好地培养学生的思维品质,提高英语阅读教学的有效性,从而使英语学科核心素养培养目标落到实处。

二、问题情境教学法的内涵

1. 问题情境教学法的含义

"问题情境教学法"又称"问题导学法",也称"设问教学法"。它把"教学"改为"导学",把问题与具体语境融合在一起,让学生在实践性或关联性的实践活动中解决问题。它最先是由苏联教育家马赫穆托夫提出的,后经有关专家补充完善,现已成为一种被广大教育工作者认可的教学法。它以当代思维科学为依据,问题的提出和解决贯穿整个阅读教学过程,认为问题是思维的起始,解决问题的过程也是思维发展的过程。探究和解决问题的过程激发了学生的学习兴趣,促使学生自主地学习、思考,主动去求知、求教,形成强烈的求知欲望,从而改变了以前"要我学"的消极态度,形成了"我要学"的积极态度,提高了自主学习的能力,培养了学生的创新能力,从而促使学生思维品质得到全面的提升。

2. 问题情境教学法的理论依据

《课程标准》指出,义务教育阶段的英语课程具有工具性和人文性双重性质。就工具性而言,英语课程承担着培养学生基本英语素养和发展思维能力的任务。现代外语教育注重语言学习的过程,强调语言学习的实践性,主张学生在语境中接触、体验和理解真实的语言,并在此基础上学习和运用语言。《新课标》指出,指向学生学科核心素养的英语教学应以主题意义为引领,创设具有综合性、关联性和实践性的英语学习活动,引导学生自主、合作地学习,参与主题意义的探究活动,促进多元思维,塑造良好品格,优化学习策略,确保语言能力、文化意识、思维品质和学习能力同步提升。要实现《新课标》提出的培养目标,"问题情境教学法"不失为一种适切的教学模式。

现代教育理论认为:"教学中必须构建学生的主体活动,教与学是学习行为统一体的两个方面,是不可分割的整体。"现代教育理念要求培养的人才必须具备创新意识和创新能力。叶圣陶先生说过:"教是为了不需要教。"作为英语教师，我们的任务应该是"授人以渔"而不是"授人以鱼"。而"问题情境教学法"就是培养学生的问题意识，以解决问题为中心进行的英语教学模式。它不仅重视教师的启发、点拨、示范等教的过程，更注重学生的自主学习、能力迁移、自主探究等学的过程。这种教学模式充分发挥了学生在教学中的主体作用，体现了"以学生发展为本"的教学理念。在提高学生发现、分析、解决问题的能力的同时，培养了学生的逻辑能力、评判能力和创新能力，这不仅符合《新课标》的要求，也符合培养现代人才的需要。

3. 问题情境教学法的实施原则

（1）层次性

提问对学生思维具有引导功能，是培养学生思维品质的最佳手段之一。作为教师一定要认真思考，精心设计，创设有层次性的问题，力争使学生在层层递进的提问与回答过程中，循序渐进理解文本内涵，有效培养思维的逻辑性、批判性和创造性。所谓层次性，就是教师一方面要充分考虑学生的年龄特点和知识水平，设计的问题要有梯度，兼顾难易，一般是从易到难，并且要从学生的角度出发，根据学生的实际，确定相对应的回答对象。另一方面要根据学生现有水平和阅读内容的实际需要，帮助学生跨过最近发展区，由表及里、由浅入深地解读文本。

（2）引领性

六要素整合的英语学习活动观指出："在英语教学中，学生要在主题意义的引领下，通过学习理解、应用实践、迁移创新等英语学习活动，促进英语学科核心素养四大要素的落实。"因此，教师在设计问题时要明确教学目标，紧扣文本主题，确立具有引领作用的主题意义，并在文本主题意义的引领下，设置适切的问题情境，帮助学生整体感知和把握文本，深入探究文本中所蕴含的主题意义，全面提升他们的思维品质。

（3）生活性

《课程标准》指出，活动的内容和形式要贴近学生的生活实际，符合学生的认知水平和生活经验，要尽可能接近现实生活中语言使用的实际情况，使学生能够理解和掌握目标语言项目的真实意义和用法。思维品质的一个重要内涵是培养学生在特定的情境下，合理利用恰当的思维方式和知识技能，对情境做出正确的、合理的反应。因此，教师设计的问题要有生活性。首先，要关注学生身边的生活场景，设计的问题要与学生的生活实际相关联，将学生置于熟悉的特定情境中。其次，通过课堂活动串联学习内容，以课堂活动驱动学习过程，以活动促进思维品质的发展，让学生将生活知识与课本知识相联系，在分析问题和解决问题的过程中不断加深对文本的理解。最后，让学生既走进书本，又走出书本，能够学以致用，激发学生学习的主动性和自主性，发挥学生的主体作用，培养其自主探究能力和创新能力，促进思维品质的发展。

（4）价值性

问题的价值性在于刺激学生的思维，有助于学生思维品质的培养。教师设计的问题不是简单地为问而设，也不是越多越好，不是为了制造课堂"热闹"的假象，而是问了就要有用，问了就能引起思考。教师应在语篇主题意义的引领下，设计有价值的问题，既要融合知识学习和技能发展，又要关注学生在阅读教学中思考的内容和过程。这样才能训练学生的批判性思维，激活和发展学生的逻辑性思维和创造性思维，促进学生语言能力、文化意识、思维品质和学习能力的融合发展，使学生的英语学科核心素养得以养成。

三、问题情境教学法的实施方法

苏霍姆林斯基说过："人的心灵深处总有一种把自己当作发现者、研究者、探索者的固有需要，这种需要在学生的精神世界中尤为重要。"问题情境教学法的核心便是创设能引起学生研究热情的问题情境。在初中英语阅读教学中，怎样才能更好地创设适切的问题情境，引导学生自主学习，培养他们的学习主体意识，促进学生思维品质的全面发展呢？这是每个英语教师必须面对的问题。下面，笔者以人教版九年级英语教材中的部分阅读材料为例，阐述在初中英语阅读教学中如何让"问题"做主，借助问题情境教学发展学生的思维品质。

1. 联系生活，创设探讨性的问题情境

学习材料只有来自生活，才会使学生产生共鸣，才会激发学生的学习动力。教育心理学表明，当教育能引起学生的兴趣时，学生学习精力集中，思维敏捷，记忆深刻，想象力丰富。苏联教育家科罗廖夫说："有趣味、有吸引力的东西能使识记的可能性几乎增加一倍。"而学生感兴趣的学习内容主要源于他们的社会实践经验，因此，教师设置的问题，应尽量从学生的生活和实际经验出发，切合学生的生活实际，建立起课程内容与实际生活的联系，从而使统一的教材成为真正适合学生实际的教材。这样才能缩小生活与学生的距离，为学生的课堂学习架起一座桥梁，使学生对问题产生兴趣，学生才能有话可说、有感而发，保持学习原动力，并且能够对已学的知识进行比较、整理、归纳，用所学的知识去解决实际问题。这样，学生对课本知识的学习既源于生活，又高于生活，丰富了各方面的知识，开阔了视野，树立了正确的价值观，培养了竞争意识和合作精神，以及逻辑性、批判性、创造性等思维能力。

如在讲授人教版九年级英语Unit 7 Teenagers should be allowed to choose their own clothes这一话题时，结合本单元的重点，教师可设计"Discuss our school rules or class rules"这一活动。

Teachers: What do you think of our school rules and class rules? Would you like to change them? How?

操作建议：

（1）对全班同学进行分组，每四人为一组，各小组在组长的带领下分工合作，组长负责组织工作，两位同学负责收集规章制度，一位同学负责记录，把现有班级和学校的制度尽可能多地列举出来。

（2）小组成员之间展开讨论，陈述自己对现有规章制度的态度，赞同或反对都要说明理由。

（3）学生可以补充新的规章制度，同时可以修改现有制度并说明理由。

（4）各小组派代表展示他们的讨论结果，其他小组可做适当补充。

下面为学生对现有规章制度的部分讨论结果。图2为学生持赞成态度的部分制度，图3为学生持反对态度的部分制度及修改意见，图4为学生提议增加的部分规章制度。

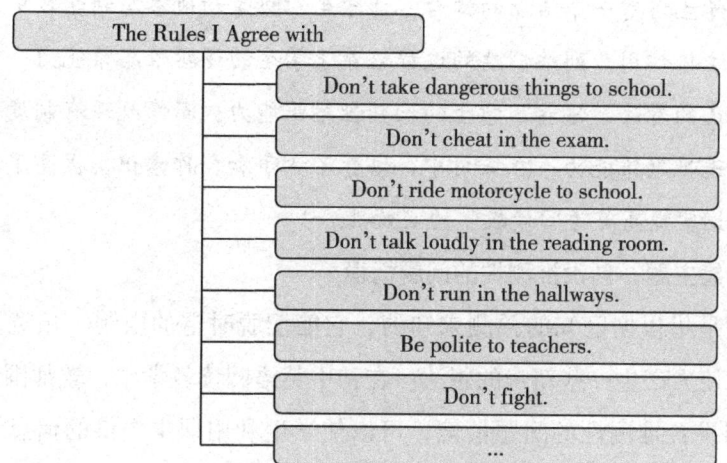

图2 学生持赞成态度的部分制度

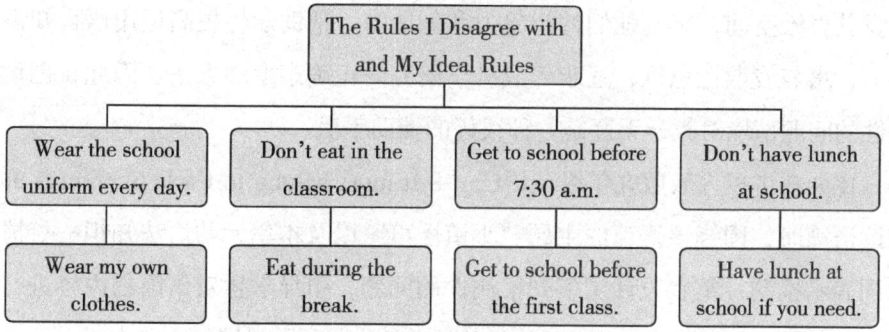

图3 学生持反对态度的部分制度及修改意见

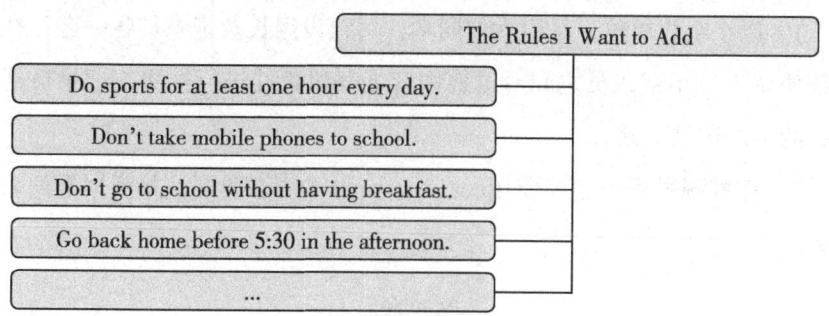

图4 学生提议增加的部分规章制度

(设计意图:课堂源于生活,此项活动巧妙地将授课的内容与生活实际相联系，给学生搭建一个活动的舞台，让学生积极主动地参与到学习中，发挥在课堂中的主体作用。列举制度的过程培养了学生的逻辑性思维能力；对规章制度发表自己的看法，培养了学生的批判性思维能力；而修改现有制度又发展了学生的创造性思维能力；在探讨中，培养了竞争和合作意识，提高了语言表达等能力，切实提高英语阅读教学的实效性。）

2. 围绕主题，创设推测性的问题情境

推测是指根据已知的预测未知的，它能摆脱时空的限制，拓宽思路，激活思维，使人产生一些新奇的想法。在初中英语阅读教学中，教师围绕语篇主题，适当设置推测性的问题情境，可以使学生利用课本提供的信息，通过猜想、预测、假设，加深对课本内容的理解，提高课堂效率，获得事半功倍的效果。同时，又可以充分体现学生在学习过程中的主体作用，激发其学习兴趣，拓宽其思维空间，丰富他们的想象力和创造力，帮助学生提高运用语言知识的能力，培养发散性思维，逐步养成科学研究的正确态度和方法。因此，创设推测性的问题情境对教学无疑是一种很好的辅助手段。

比如在讲授人教版九年级英语Unit 8 It must belong to Carla Section A 3a的阅读语篇时，围绕该语篇的主题"小镇怪声"以及本单元的语法知识——情态动词表示推测，笔者设计了下列推测性的问题，引导学生对语篇的内容进行推测，并且把could、might、must、can't等情态动词运用到推测活动中。

操作建议：

（1）以小组为单位，每组六位同学，每组设组长及记录员各一名，在组长的组织协调下，小组成员之间对语篇内容展开讨论并进行推测，记录员把本组一些好的想法记录下来。

（2）在推测过程中建议使用could、might等情态动词，并依据下列表格开展活动。

Activities

What could the noise be?	Why do you think so?

（3）全班交流讨论意见，教师选几个小组的发言人向全班汇报，看哪个组的推测最有创意。

（设计意图：此项活动不仅活跃了课堂气氛，而且让更多的学生在展现自己优点的同时，可以学到其他同学的长处，取长补短，完善自我。在推测活动中，学生一方面通过与他人合作交流，培养了荣誉感、责任感和进取心等积极的情感；另一方面他们的注意力、观察力、想象力、创造力也得到充分的发展。）

3. 开放课堂，创设拓展性的问题情境

人的潜能是无限的，每名学生的身上都有着巨大的潜能。作为教师，应该努力创造一个充满对话交流甚至辩论争执的开放性情境，鼓励学生敞开心扉，各抒己见，尽可能将他们的潜能挖掘出来，而不是将一大堆现成的答案传授给学生。因为学生是不同的个体，而且学生思考问题的途径也是多种多样的，在一个开放性的问题情境中，答案不止一个，可能部分学生对答案有不同意见，所以课堂教学应允许并提倡这种多样性、差异性。在这样的课堂上，教师设置的拓展性问题能够引导学生从不同角度、不同侧面对所给信息或条件加以重新组合，横向拓展思路，纵向深入探索研究，逆向反复比较，学生可以从中发现别人的不同思路可能正是自己应该开发而尚未发现的盲点，而自己的思路也可能成为别人关注的焦点。这样，他们可以多角度看问题，感受更多的问题情境，从而拓展自己的思维空间，发展创造性思维、批判性思维和反思性思维等。

人教版九年级英语Unit 2 I think that mooncakes are delicious Section B 2b的阅读语篇以The Spirit of Christmas为主题。在讲授完本课后，笔者结合当今部分年轻人崇尚过洋节的现象，组织学生开展辩论活动，主题为If you have time, which festival would you like to celebrate, the Spring Festival or Christmas? Why?

操作建议：

（1）全班分为两大阵营，一方支持过圣诞节，另一方支持过春节，每一阵营以六人为单位分成若干小组，各小组在组长的带领下先进行小组讨论，同时把一些好的观点记录下来。

（2）两大阵营各派代表轮番进行辩论，看哪一方陈述的理由更有说服力。

下面为两大阵营各自的陈述理由。

Group 1: I will celebrate the Spring Festival because it's our most important traditional festival. We can do all kinds of meaningful things, such as watching the Spring Festival gala, getting lucky money, setting off fire-crackers, having a reunion dinner...

Group 2: I like Christmas better. It is the most important western festival. We can sing Christmas songs in the church, decorate Christmas trees, get gifts from Santa Claus...

（设计意图：在阅读教学中设置辩论活动，可以启发学生开动脑筋，从多方面考虑问题，拓展学生的思维空间，培养其发散性和创造性思维能力，锻炼他们的语言表达能力及综合分析能力。通过活动，还可以促进小组成员之间团结协作，默契配合，培养学生的集体意识，树立正确的价值观。）

4. 面向全体，创设层次性的问题情境

《课程标准》提出，义务教育阶段的英语课程应面向全体学生，在教学目标、内容过程评价和资源的利用和开发等方面都应考虑全体学生的发展需求。因此，教师提出的问题首先要符合学生的年龄特点和认知水平，做到难易适中。因为提的问题如果过于简单，则达不到启发的目的；提的问题如果过于难，又容易让学生不知所措，无从下手；其次，应根据教材特点和学生的实际水平，把难度较大的问题分解成学生容易理解和回答的小问题，由浅入深，层层递进，逐步引导学生对所学内容进行深层次的思考，既让每个学生都获得思考的机会，又拓展了学生思维的深度和广度。

人教版九年级英语Unit 7 Section A 3a 是一首诗。语篇教学的第一个任务是要求学生阅读这首诗，然后讨论文章标题Mom Knows Best的含义。如果教师直接要求学生完成此任务，可能大部分学生不知从何下手。因此，笔者在设置问题时，充分考虑了学生的实际情况，以学生的高度参与性为目标，把这项任务分解为若干小任务，让学生由浅入深，层层递进剖析问题，实现了课堂教学的有效性。下面为笔者围绕中心任务设置的层次性问题情境：

（1）What did the mom do when the writer was a baby/a small child/seven/nine/a teen?

（2）What happened to the writer when eating that ice cream/watching that film/staying out till ten?

（3）How did the writer feel after the things happened to him?

（设计意图：通过分解任务，由浅入深地设计任务，在充分考虑了学生的知识水平和认知能力的基础上，教师巧妙地把比较难的任务分解成难易适中、切合学生实际的三个小任务，充分调动全体学生参与活动的积极性，使其增强主人翁意识，而且学生的思维能力也随着问题的层层深入而得到逐步提高。）

5. 师生交流，创设互动性的问题情境

著名科学家李政道提出："什么是学问，就是要学会怎样问。"而在我们的实际课堂教学中提问似乎成为教师的专利，很少有学生向同学或老师提问，这是一种很不好的现象。因此，为了把学习的主动权真正还给学生，发挥学生的主体作用，在英语课堂教学中，教师要转变教学观念，积极转换自己在教学中的角色，注重师生互动和学生之间的互动，不仅要让学生学会"答"，更要让学生学会"问"。通过这种多方面的互动，一方面可以促使学生集中注意力，认真听老师和同学的"问"与"答"，实现师生、同学之间在知识与能力等方面的相互启迪与促进；另一方面又可以避免一部分学生因为经常做配角或观众而导致学习兴趣降低和能力发展滞后。

当然，让学生学会"问"，首先，教师在课堂上要营造自由轻松的课堂氛围，给学生留出一定的时间提问，一有疑问，就能在第一时间得到解决，让课堂真正成为解疑释惑的地方。其次，课堂提问要体现平等性，因为知识是多层面的，可以有不同的理解，教师不要轻易否定学生的不同观点，让他们感到自己的意见和观点会得到包括老师在内的所有人的尊重和理解，这样学生就愿意提出问题，并会提出越来越多，也越来越有深度的问题。最后，课堂的提问要注意有针对性和启发性，在学生提问之前，教师要围绕语篇主题意义设置互动的范围，避免活动的盲目性。

如在讲授人教版九年级英语Unit 7 Section B 2b的语篇Should I be allowed to make my own decisions时，教师可以在post-reading环节，围绕主篇的主题planning life设计一个"记者现场采访"活动，让学生自由选择对象，自由提问,多角度、多方面了解老师、同学的想法,解除心中的疑惑,从而摆脱烦恼,坚定信心,树立正确的人生观。

操作建议:

(1)学生自愿组成四个采访小组,每组两人,一个负责提问,一个负责记录。

(2)采访对象可以是老师,也可以是同学。

(3)教师要求各采访小组围绕本次的主题,精心准备采访的问题以及确定采访对象。

(4)最后根据采访内容及表现评选出最佳的采访小组、最有价值的问题和最佳的观点。

下面是学生采访的部分内容(其中J代表记者,S代表被采访的学生,T代表教师)。

Group 1:

J: Excuse me! Can I ask you a question? What do you want to be in the future?

S: I want to be a dancer because I like dancing.

J: Do your parents allow you to do that?

S: They don't agree. Then I have a long talk with them. I will study hard to get good grades and practice dancing after school or on weekends. I will learn from some famous dancers. I believe I can achieve my dream.

Group 2:

J: Now I would like to ask my English teacher a question. Mr. Wu, what is your daughter's plan for the future?

T: She likes playing the piano. So she would like to be a pianist.

J: Do you support her?

T: Sure! But I help to plan her life. Now she does her homework first after school and spares some time to practice her hobbies. I don't think study is the only thing. If she plans the time well, I wish her to have more hobbies.

(设计意图:互动性问题能激发学生参与课堂学习的热情,活跃课堂气氛,锻炼了学生的胆量,也拉近了全班师生之间的距离,他们更乐意与老师、同学分享自己的想法。在互享生活经验的过程中,学生的语言能力得到发展,同时提升了发散性思维和创造性思维能力。)

四、问题情境教学法的价值及效果

思维品质的一个重要内涵是培养学生在特定情境下合理利用恰当的思维方式和知识技能,对情境做出正确的、合理的反应。因此,创设适切的问题情境,将活动置于情境之中,能够促使学生在"问""答"的过程中更好地感知语言,了解文化,触动情感,内化课程内容,发展思维品质,提升学习能力。

1. 发挥学生的主体作用

学生是课堂教学的主体,教师必须把课堂的主动权交还给学生。通过创设适切性的问题情境,不但能够帮助学生在复习旧知识的同时学习新知识,让学生体验到用英语解决实际生活问题的乐趣,切身感受到自己是课堂学习的主人,增强主人翁意识和责任感,而且能让学生主动发展自己的各种思维品质,挖掘潜能,积极参与到课堂学习中。

2. 突出文本的主题意义

建构主义学习理论认为,学习活动是学习者通过与周围环境交互而自主建构内在心理表征的过程,即学习者在一定的情境下通过其他人的帮助,利用必要的学习材料实现意义建构的过程。教师紧扣文本主题创设的问题,可以使学生在主题意义的引领下,顺畅地实现对文本的整体感知和整体把握,深层领悟主题意义,避免了碎片化的教学模式,有助于提高阅读教学的效率。

3. 培养学生的思维品质

提问是最常见的课堂教学活动,也是学生思维品质培养的最佳手段之一。通过设置适切性的问题,在师生的交流与互动中,学生对英语知识点进行有效的学习与探索,促进语言知识与技能发展融合。学生在分析和解决问题的过程中,思维的灵活性、逻辑性、批判性和创新性也都得到有效的培养。

为了验证在初中英语阅读教学中运用问题情境教学法的有效性,笔者在实验后期对实验学生(共50人)再次进行问卷调查,调查问卷内容与实验初期相同，下面为实验学生的后期问卷调查结果（见图5）。

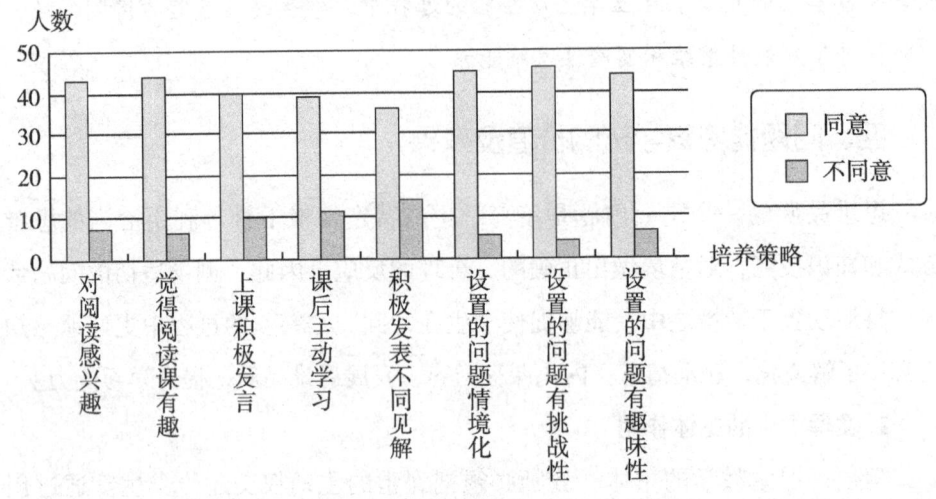

图5　学生阅读现状问卷调查（实验后期）

从实验后期问卷调查的结果可以看出，问题情境教学法是一种适合学生、行之有效的教学方法。实施问题情境教学模式一学年来，大部分学生学习英语的兴趣大大地提高了，在课堂富有情境性和挑战性问题的引领下，学生敢于用英语与同学进行交流并发表自己的不同见解，善于运用英语解决实际生活中的问题，他们的思维品质在不同类型的问题情境中得到了培养，英语学科核心素养四个维度教学目标同步得到落实。

五、结语

英语阅读教学的本质是引导学生在解读文本、理解文本和体验文本的过程中，发展阅读技能，提升思维品质。问题是思维的起点，使用问题情境教学法改变了初中英语阅读教学中因循守旧的被动局面。它既是一种教学设计理念，也是一个教学操作过程。作为发挥主导作用的教师，要不断提升自身素质，转变教学理念，努力发挥学生的主体作用。在语篇主题意义的引领下，教师通过创设与主题意义密切相关的情境问题，提高学生的学习兴趣，增强他们的学习自信心，开拓他们的视野，开发他们的智力，培养他们分析、归纳、解决问题的能力，提高自主学习和自主探究的能力，最终发展学生的思维品质，实现有效的课堂教学，使英语学科核心素养教学目标在课堂教学中落到实处。

参考文献

［1］蔡慧琴，饶玲，叶存洪.有效课堂教学策略［M］.重庆：重庆大学出版社，2018：125-126.

［2］陈胜.从思维品质培养视角看初中英语阅读教学中的问题设计［J］.中小学外语教学（中学篇），2017（4）：10-14.

［3］中华人民共和国教育部.义务教育英语课程标准（2011年版）［M］.北京：北京师范大学出版社，2012.

［4］中华人民共和国教育部.普通高中英语课程标准（2017年版）［M］.北京：人民教育出版社，2018.

［5］袁辉."思维品质"核心素养引领下的英语教学活动设计［J］.中学外语教与学，2018（3）：41-44.

［6］鲁子问，王笃勤.新编英语教学论［M］.上海：华东师范大学出版社，2006：173.

指向思维品质发展的USE教学模式

英语阅读教学能够培养学生的逻辑性、批判性和创造性思维能力。本文以客观的调查分析结果为依据，以人教版八年级英语下册Unit 3 Could you please clean your room Section B Reading为例，探讨USE教学模式在初中英语阅读教学中的实践应用，提出了在理解、分享和表达三个环节中发展学生思维品质的适切教学策略。

阅读是英语教学中不可或缺的组成部分，教师在日常教学工作中尤其应重视阅读板块内容的教学。学生在阅读文本时，要围绕文本信息进行分析、推理、概括和评价等多种思维活动。教师根据阅读文本对教材的设计，对学生的思维品质的培养起着关键的作用。《课程标准》强调，英语课程承担着培养学生基本英语素养和发展学生思维能力的任务，教师设计的活动应有利于促进学生思维能力的发展。

《新课标》指出，英语学科核心素养主要包括语言能力、文化意识、思维品质和学习能力。思维品质的发展有助于提升学生分析和解决问题的能力，使他们能够跨文化观察和认识世界，对事物做出正确的判断。由此可见，在英语课堂教学中培养学生的思维品质十分重要，这就意味着思维品质的培养不再是特优学生的发展目标，而是对基础教育阶段所有学生的普适性要求。

"思维品质"这一概念源于苏联，20世纪60年代引入中国。《新课标》指出，思维品质指思维在逻辑性、批判性、创新性等方面所表现的能力和水平，思维品质体现了英语学科核心素养的心智特征。

一、背景因素分析

在核心素养背景下,学校的英语阅读教学能否切实培养学生的思维品质?为了更适切地开展教学研究,笔者在实验之初对任教学校15位英语教师进行了问卷调查,希望通过调查分析获得客观的结果,进而制定有利于本校学生思维品质发展的适切教学策略。下面为思维品质培养的现状调查结果(见下表)。

阅读教学中教师培养学生思维品质情况问卷调查结果(共15人)

内容 \ 结果	非常同意	同意	不同意	非常不同意
熟悉英语核心素养的相关理论知识	0%	0%	93.3%	6.7%
了解思维品质的内涵	0%	0%	66.7%	33.3%
阅读过阅读教学与思维品质的著作	0%	13.3%	66.7%	20.0%
阅读教学中重点关注词汇和语法	40.0%	20.0%	40.0%	0%
阅读教学重视句式翻译	46.7%	26.6%	26.7%	0%
关注思维品质的培养	0%	6.7%	80.0%	13.3%
备课组开展思维品质培养的课例研究	0%	6.7%	13.3%	80.0%
教给学生阅读技巧	6.7%	26.7%	33.3%	33.3%
任教的学生对阅读课感兴趣	0%	13.3%	53.3%	33.4%
问题设计有层次性和连贯性	0%	6.7%	46.7%	46.7%
重视学生的质疑	0%	13.3%	40.0%	46.7%
设计问题单一	20%	40.0%	6.7%	33.3%

从教师的问卷调查结果来看,目前初中英语阅读教学还存在着以词汇学习和语法讲解为主的现象,教师在课堂上设置的一些阅读理解问题仅考查表层信息,缺乏对教材的多维解读和深度挖掘,教学设计趋于程序化和模式化,缺乏激活学生思维的设问和拓展学生思维的活动。这种脱离语篇的碎片化阅读教学导致学生的思维参与度低,思维难以发散,抑制了思维品质的发展。因此,在阅读教学中,教师应有针对性地设置问题和活动,引导学生全面理解语篇中各个信息的逻辑关系,正确评判各种思维观点,理性表达自己的观点,从而培养学生用英语进行多元思维的能力。

为了探索解决上述问题的途径，笔者在初中英语阅读教学中，采用了聚焦思维品质培养的USE教学模式，即通过understanding→sharing→expressing三个教学环节设置不同任务和活动，切实培养学生的逻辑性思维、批判性思维和创造性思维能力。

二、思维品质与USE教学模式

《新课标》指出，阅读课要培养学生查找文章细节和主题，整合信息，理解文章逻辑关系，推断以及预测故事情节发展的能力。USE教学模式是根据高中生的阅读方式创设的，但它完全可以运用到初中英语阅读教学中。其中U代表理解（understanding），是学生对文章进行解码加工的环节，它对应《新课标》里面查找细节、整合信息等技能要求，侧重训练学生的逻辑性思维；S代表分享（sharing），是指个人所理解的语言信息与同伴口头交流的环节，它对应《新课标》里面的质疑、辩论等技能要求，侧重训练批判性思维；E代表表达（expressing），是语言输出环节，它是阅读教学活动的最终成果体现，侧重训练创造性思维。三个环节紧密相连，环环相扣。本文以人教版八年级英语下册Unit 3 Could you please clean your room Section B Reading为例，阐述在初中英语阅读教学中如何根据学生的认知水平，运用USE教学模式，培养学生的思维品质，最终促进英语教学目标的实现。

三、教学案例分析

1. 教学内容分析

该语篇从家长的角度出发，针对学业负担日趋加重的今天，孩子是否应承担家务劳动展开讨论，有意识地训练学生的思辨能力，培养其批判性思维。而3a和3b的写作任务，实际上也是该语篇话题的延伸，目的是使学生在阅读理解的基础上学会表达自己的观点，从而培养学生的创造性思维。

2. 学情分析

本节课的教学对象为本校八年级学生，他们从小学三年级开始就接触英语，已掌握了一定的语言知识和技能，具备一定的英语会话和自主学习能力。

而且此时期的初中生，渴望得到别人的理解，乐于参与各种活动。但他们在对客观事物的认识上，也有一定的偏执性，容易对问题的认识产生偏差，继而引发孤独、压抑等心理障碍。本节课的主题是doing chores，这一话题符合学生的生活实际，使他们有话可说、有感可发。在讨论中既发展了学生的思维品质，也培养了学生正确的情感态度和价值观。

3. 教学目标

本节课的教学难点是鼓励学生围绕主题进行辩论，同时为语言输出充分积累材料。因此，笔者把本课的教学目标定为通过引导学生对doing chores这一话题进行深入讨论，理性思考做家务的意义，并以此为基础搭建语言输出的支架，培养学生的逻辑性、批判性以及创造性思维能力。

4. 教学设计思路

本节课将以问题为导向，以活动为载体，以思维为主线，运用USE教学模式，即通过设置理解任务、组织分享活动以及探寻表达任务三个环节，逐步培养学生的逻辑性思维、批判性思维和创造性思维能力。教师通过引导学生充分挖掘做家务这一日常现象的内涵，提升学生对做家务这一现象的认知，对学生的价值观进行了积极的引领，真正体现用英语学科教人、育人的学科育人理念，彰显英语学科的工具性和人文性的完美融合。

四、USE教学模式的实践应用

王蔷认为："教师可以通过感知、预测、获取、分析、概括、比较、评价、创新等思维活动，构造结构化知识，在分析问题和解决问题的过程中发展学生的思维品质。"根据思维品质的内涵，结合上述阅读材料，笔者把USE教学模式运用到初中英语阅读教学中，从而培养学生的思维品质。

1. 设置理解任务，发展思维的逻辑性

逻辑性思维（logical thinking），又称抽象思维。它是人们在认识事物的过程中借助概念、判断、推理等思维方式能动地反映客观事实的理性认识过程。

理解课文是课堂的输入环节。在understanding环节，教师应指导学生阅读课文，识记和理解本课的语言知识，了解单元主题和课文大意，关注主要事实细节，推测作者的写作意图。据此，本环节笔者共设计了以下五项活动。

Step 1: lead-in

在读前阶段，教师可引导学生独立回答下面的问题：

（1）What do you often do at home?

（2）Do you think kids should help out with chores at home?

教师可对学生的观点做适当的点评，然后引入本课的中心内容。

（设计意图：在读前设计与学生生活经验紧密联系的问题，能激起学生的学习动机，激发学生的阅读欲望，引起学生情感上的共鸣，从而产生思维的火花。）

Step 2: predict

在读前环节，教师可以展示一些图片（见图1），引导学生开展预测活动：

Look at the picture and try to predict what the story may be about.

图1 厨房一角

（设计意图：读前预测是一个积极思维的过程。它要求学生根据已了解的文章信息，结合自身的认知经验，通过自身的理解和推断，对文本内容或后续情节进行验证。学生的读前预测活动既是对前面所学内容的巩固和检测，也是对本课的有效导入，它能激发学生的学习兴趣和动机，激活相关话题的背景知识，培养学生的发散性思维。）

Step 3: skim

在学生对课文主题表达自己的观点之后，教师应将学生的关注点引向2b活动。skimming是本课教学要求掌握的阅读策略，为此，教师可先向学生讲授

skimming的方法及技巧，然后引导学生完成下列任务：

Task 1: Should children do chores at home? Skim the letters and tell which one agrees and which one disagrees.

通过快速阅读，学生很快就给出答案：The first one disagrees and the second one agrees.

Task 2: Skim the letters again and underline Ms. Miller's and Mr. Smith's points about children helping with housework.

下面是学生给出的答案：

Ms. Miller's point: Doing housework is a waste of time. It is the parents' job to provide a clean and comfortable environment at home for their children.

Mr. Smith's point: It is important for children to learn how to do chores and help their parents with housework. The earlier kids learn to be independent, the better it is for their future.

（设计意图：运用skimming阅读策略，引导学生对语篇信息进行筛选，从中整理出作者的观点，同时在语篇中验证自己的预测正确与否，能够培养学生的判断和归纳能力。在寻找信息的过程中，学生抓住文本中的关键词、句和主题句，这样将文本中的生词及语言难点分散学习，减少了语言给学生带来的阅读障碍，同时为后面的环节积累了语言材料。）

Step 4: use a mind map

思维导图是一种将知识结构和思维图像化的图形技术，它可以用色彩、图画、代码多维度加以修饰，以图文并茂的形式来增强记忆效果。在学生对语篇有了粗略的了解之后，教师可指导学生运用思维导图（见图2）进一步梳理话题内容，并分组交流，以获取更多信息。

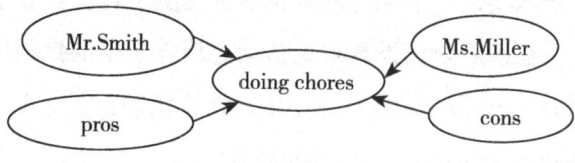

图2　思维导图

(设计意图：思维导图是隐性思维的显性工具，它是打开大脑潜能的强有力的图解工具，能帮助学习者更有效地学习和清晰地思考，培养学生的分析、判断和辨别等逻辑思维能力。)

Step 5: read to infer and fill in the blanks

Ms. Miller thinks kids have enough _____ from school. _____ is a waste of time. Kids should spend their time on _____. It's the _____ job to provide kids a clean environment at home.

Mr. Smith thinks it's _____ for children to do chores. Doing chores helps to develop children's _____. It also helps them to understand the idea of _____. The _____ kids learn to be in dependent, the _____ it is for their future.

（设计意图：短文填空能很好地训练学生根据上下文进行逻辑推理和判断的能力。学生既要分析和推断各信息间的逻辑关系，又要捕捉语篇的正确信息，这样有利于培养学生的逻辑思维能力。）

2. 组织分享活动，培养思维的批判性

分享环节是从"知其意"到"明其理"的升华。在sharing环节，教师应把重点放在知识加工和思维训练上，促使学生内化understanding环节中所学的语言知识，并通过有效的思维活动，如品读、质疑、辩论等，与同伴进行思维碰撞，在活动中将所学内容以说的形式输出，达到用英语做事的目的。

批判性思维（critical thinking）指用批判的眼光来看待周围的一切，不断提高独立思考的能力。它侧重于引导读者对文章深层内涵的挖掘与思考，侧重于思维的交锋与碰撞。

在初中英语阅读教学中，辩论是训练学生批判性思维的有效方法。此时期的学生思维活跃，敢于表达，希望得到别人的肯定，同时他们已有一定的语言表达能力，所以在八年级下学期开展辩论活动切实可行。在分享环节，教师可结合本课的话题，在读后阶段设置辩论活动，培养学生的批判性思维。笔者以Children should do chores为主题设计了下面的辩论活动：

（1）The teacher explains what a debate is.

（2）The teacher writes the subject for the debate on the blackboard.

（3）Invite 8 volunteers to take part in the activity. Divide them into two groups. One agrees and the other disagrees.

（4）Tell the rest of the class to listen carefully and vote for the winning group in the end. They must explain why they support the group.

（5）All the speakers in the two groups must express his/her opinion and give a reason one by one.

（6）The rest of the class vote for the winning group. Some of them give their reasons.

（7）The teacher gives some feedback.

Well done! All the students have given us an excellent performance. As students, helping with housework is very necessary. It can improve our responsibility. It can also improve our ability to do and watch. It is helpful for the family members to communicate. If you meet some problems, you'll think of good solutions. It can improve your patience.

（设计意图：辩论不仅活跃了课堂气氛，体现学生的主体地位，而且学生在辩论中既学到了知识，又能提高自己的独立思考能力，开拓了思维空间，特别是在反思质疑、甄别判断过程中发展了批判性思维，同时也为后面的语言输出环节做好铺垫。）

3. 探寻表达任务，提升思维的创造性

Expressing是阅读教学"输入—内化—输出"的终端环节，它旨在深度加工understanding和sharing两个环节的语言信息，使所学内容个性化和条理化，它既巩固所学的语言知识，也能培养学生的创造性思维。

创造性思维（creative thinking）是指学生在实践活动中，摆脱思维定式，敢于超越常规，重新架构原有知识，产生新的独特的想法和做法，从而创造性地解决问题。

抓住初中生想象力丰富这一思维特点，笔者以文本内容为根基，结合文本中3b的内容，要求学生发挥想象力，给Sunday Mail写一封信，表达自己的不同观点。

（设计意图：表达与输出环节重在培养学生的创造性思维能力。在学生已经积累了一定的语言材料的基础上，设置写作任务是对前面环节的巩固。在写作中学生可以充分发挥自己的想象力，表达自己的不同观点，利用所学知识去分析和解决问题，真正实现语言学习与主题意义建构的完美融合，有效培养学生的思维能力，同时体现了学科的育人价值。）

五、结语

英语阅读教学的本质是引导学生在解读文本、理解文本和体验文本的过程中发展阅读技能，提升思维品质。在初中英语阅读教学中，教师要有发展英语学科核心素养的想法，在课堂教学中尝试学思结合、为思而教的理念，着力培养学生的语言和思维双重能力。实践证明，USE教学模式能切实提高英语教学的有效性，提高学生的学习兴趣，培养学生基本的英语素养，发展学生的思维品质。

参考文献

［1］中华人民共和国教育部.义务教育英语课程标准（2011年版）［M］.北京：北京师范大学出版社，2012.

［2］中华人民共和国教育部.普通高中英语课程标准（2017年版）［M］.北京：人民教育出版社，2018.

［3］张金秀.英语学科思维品质培养面临的困境与对策［J］.中小学外语教学（中学篇），2016（7）：6-11.

［4］李经国，林海宁.英语阅读教学中学生思维品质的培养［J］.教学月刊（中学版），2016（9）：21-24.

［5］周大明.高中英语综合课USE教学模式的构建与实践［J］.中小学外语教学（中学篇），2013（8）：1-5.

［6］王蔷.从综合语言运用到英语学科核心素养——高中英语课程改革的新挑战［J］.英语教师，2015（16）：7.

［7］楚明锟.逻辑学［M］.河南：河南大学出版社，2000.

［8］贵丽萍，黄建英，周勇，等.英语阅读教学中的思维活动：评判性阅读视角［M］.杭州：浙江大学出版社，2013.

［9］宋颖超.高中英语阅读教学中培养学生高阶思维能力的策略［J］.中小学外语教学（中学篇），2016（4）：46–49.

［10］蒋健妹，秦益锋.聚焦学生素养，培养思维品质［J］.阅读（教学研究），2016（6）：36–38.

第四篇

学习能力篇

真奇怪，我们期待学生学习，然而却很少教他们学习。我们希望学生解决问题，却很少教他们解决问题的思维策略。

——心理学家诺曼

初中英语写作教学中同伴互评模式的实践与思考

同伴互评是一种积极有效的英语写作评价模式。本文针对传统作文评价中存在的弊端，阐述了核心素养视角下，在初中英语写作教学中采用同伴互评模式的实践过程和效果，旨在培养学生自主学习和合作探究的能力，促进英语学科核心素养教学目标落到实处。

一、问题的提出

写作是一种有效的语言输出方式，是语言综合能力运用的真实体现。在初中英语各项测试中，英语写作往往有着重要位置，它是每一位英语教师在教学中、学生在学习中都不能忽视的一项重要内容。因此，如何更好地提高初中学生的英语写作能力，是每位英语教师在课堂教学中必须正视的问题，而作文评价是写作教学中重要的一环，对于有效提高学生的写作能力起着非常重要的作用。在传统作文评价中，往往以教师评价为主，偏重于终结性评价。笔者在调查中发现，在初中英语写作评价中，常见这种"教师全面改，学生简单看"的教学现象，教师虽然花费了很多精力和时间，对学生的作文进行精批细改，但学生往往只是简单地看分数，有时自己的作文错在哪里，老师帮改了哪些方面、哪个句子、哪个单词，看都不看，结果导致作文教学效率低下，学生的写作水平并没有多大的提高，甚至有些学生不断地重复相同的错误。老师的付出与学生的收获不能成正比，不能有效地提高学生的写作能力，当然也不能达到写作教学的目的。而且这种传统的作文评价方式多以单向性活动为主，难免存在一些弊端，既带有相对的主观性，又没有发挥学生的主体作用。这就促使我们不得不对这种传统的评价模式进行反思和剖析，找出自身在写作教学中存在的问题以及改进的方法。在这种形势下，同伴互评不失为一种提高学生写作能力，进而提升学习能力的好方法。

二、写作教学中采用同伴互评模式的意义

《课程标准》指出，英语课程的评价要尽可能做到评价主体的多元化，评价形式和内容的多样化，评价目标的多维化。在设计和实施评价的过程中，教师要充分考虑学生的年龄、心理特征及认知水平，选用合理多样的评价方式，如自我评价、同伴评价、家长评价、教师评价等，实现形成性与终结性评价相结合。

同伴互评模式（以下统称同伴互评）自20世纪80年代起就受到国内外学者的广泛关注。对于同伴互评的研究最早可以追溯至母语课堂中的写作评价，国内一些学者也对同伴互评提出了假设。同伴互评（peer review）是学生相互交换阅读作文并提出修改建议的写作教学活动，也称为同伴反馈、同伴评估和同伴编辑等。因此，在同伴互评作文这种模式中，学生与老师一起参与评价，共同探究作文的书写要求和规律，它不仅强调教师的主导作用，更突出学生的主体作用。老师由过去传统"婆婆"式的说教或"权威者"的指点，变成了"朋友"式的平等对话。学生由过去的学习"被动者"变成为"主动者"，由客体变成主体，由观众变成主演。在互评过程中，学生的评价和鉴赏能力得到有效提高，有利于在作文教学中贯彻落实英语学科核心素养教学目标，这将使学生终身受益。正如人民教育家叶圣陶所说的："着重培养学生自己改的能力，教师只能引导指点，该怎样改让学生自己考虑决定，学生不就处于主动地位了吗？养成了自己改的能力，这是终生受用的。"

随着年龄的增长，初中学生的自我意识逐步增强，这一时期的学生认为自己已经长大了，是"成年人"了，他们最怕别人把自己看成是"小孩"。他们开始自觉地评价自己，评价他人，他们渴望有更多的机会表现自己，并且能

得到他人的尊重与肯定。许多研究表明，初中学生评价别人比评价自己具有更强的独立性，内容也更丰富、更具体。于是，在作文教学过程中，让学生拿起红笔充当老师的角色评价同伴作文的时候，他们的自豪感和使命感就会油然而生，产生十分强烈的探究欲望，极大满足学生受尊重的心理需要，而且由于学生之间各自存在不服输的心理，促使他们对自身的作文质量更加重视，通常会以十足的精力认真完成作文。与此同时，学生也能更清楚地认识到自己和同伴作文的优缺点。他们也更容易接受自己的缺点，坦然接受同学的否定反馈，克服自卑感和焦虑心理，培养了正确的自尊心和自信心，这样作文教学就进入了良性循环，学生由讨厌作文变为喜欢作文，逐步培养了学生的写作兴趣，而兴趣的提高又促使学生更主动地投身于作文写作和批改当中，无形中也提高了学生的写作能力。

高中英语《新课标》明确指出，英语学科核心素养主要包括语言能力、文化意识、思维品质和学习能力。学习能力指学生积极运用和主动调适英语学习策略，拓宽英语学习渠道，努力提升英语学习效率的意识和能力，学习能力构成英语学科核心素养的发展条件。在初中英语《课程标准》里面虽然没有提到核心素养这一育人目标，但其中已明确指出，教师要帮助学生不断尝试各种学习策略，指导学生自我监控使用策略的情况和效果，提高他们的自主学习能力。

学生相互修改作文的过程，就是自主、合作、探究的学习过程，也是互相学习、互相分享、共同提高的过程。在相互修改作文的过程中，学生不仅获得了提升学习能力的机会，而且对老师的依赖也慢慢减少了，大大减轻了教师的工作量，使教师有更多时间投身到教学教研之中，达到双赢的目的。

三、同伴互评模式的实践过程

在进行写作教学时，教师借助同伴互评的模式实施过程性写作教学。同伴互评写作课的课型可依托人教版初中英语每一单元Section B里面的写作任务进行教学设计，也可以依托中考《考纲》里面的话题进行培训，通过学生的自主学习和合作学习，切实培养学生寻找问题、分析问题和解决问题的能力，提高学生的写作能力，同时提升他们的学习能力，使英语学科核心素养的培养落到实处。

1. 互评前指导示范

古人云：凡事预则立，不预则废。正所谓"有备而来，有备无患"。教师只有在同伴互评之前，进行精心的准备，才有可能促使同伴互评成功。因此，做好充分的准备，让学生掌握互改互评的标准和方法是实施同伴互评模式的前提。没有统一的互评标准和正确的方法，学生即使有了互评的兴趣与欲望，面对同伴的作文也会无从下手，无所适从，这正如一个人要过河必须有桥或船一样。因此，在开展活动之前，教师应该向学生传授互评的方法和技巧，"授人以渔"才能终身受用，否则互评结果可能空洞无物，不但不能激发学生参与互评的兴趣，而且也不能训练学生的批改能力，当然学生的写作能力和学习能力也得不到有效提高。

（1）创建改评小组

为了创建平等、民主、和谐的互评气氛，激发学生参与互评的热情，真正实现全员参与、全员提高的目标，在进行互评活动之前，教师应该根据本班学生的实际情况，按照"组间同质，组内异质"的原则创建改评小组。各个小组成员应该包括好、中、差三类学生，尽量使组与组之间的学员水平相当，这样分组既有利于组内成员之间相互学习，相互帮助，共同提高，又有利于各小组之间形成竞争，激发各成员之间的竞争意识，挖掘他们的潜能。并且每隔一段时间，教师应根据实际情况，适当调整各小组成员的组合，使他们接触更多的新成员，获得更多的机会与更多伙伴合作，从而获取学习的新动力，帮助他们保持良好的学习劲头，不断努力，不断前进。当然，教师在每个小组中应指定好带头人，即小组长，协调好成员之间的合作与分工，确保互评工作顺利进行并如期完成各项评改任务。科学合理的小组创建能形成轻松愉快的学习氛围，在这种氛围中，大家能互相学习，取长补短，都能取得不同程度的进步。即使基础较差的学生在某些方面得到同学的否定反馈，比如，书写不端正、文不对题、不熟悉单词、语法错误较多等，他们也能坦然接受，不仅不会轻易产生焦虑心理，反而能激发他们的斗志，向优秀的同学学习、看齐，从而在整体上形成积极向上的学习氛围，每名学生的写作能力和学习能力都能提高。

（2）制定评价标准

①统一批改符号

在实施同伴互评之前，为了使互评有章可循、有样可依，避免评改时互相误导的现象，也为了提高同伴互评的效率，教师有必要统一各种修改符号，必要时统一印发给学生，比如，增补号用∧，删除号用 /，分段号用 ‖ 等。其他还包括调位号、接续号、后移号、保留号、留空号等，帮助学生准确标示出同伴作文存在的问题，提高批改效率。教师应指导学生在指出同伴错误的同时，更多地关注同伴作文中的亮点，可用笑脸或红五角星等形式标出同伴作文中的好词好句，并将其摘抄到自己的笔记本里，为己所用，在评改过程中逐渐提升自己的写作能力。

②制定评价量表

同伴互评就是要利用同伴间的平等关系，帮助同伴弄清作文中出现的错误并分析其原因，讲清修改的道理，提出修改的具体意见。因此，在进行同伴互评之前，必须有一个统一的、科学的评价标准，使互评时有章可循。比如，教师可以精心设计并提供同伴互评量表，让学生依据明确的量表对同学的作文逐一进行评价并给出具体意见。

笔者研究发现，众多同伴互评表都是依据中考评分标准设置，主要是依据内容和语言两方面给出分数。笔者认为，直接给分与教师以往的终结性评价区别不大，这样的互评结果不但不能促使学生认真对待并深刻理解同伴的作文，激发不了学生的批改热情，而且互评双方的写作能力也得不到明显提升，达不到预期的效果。基于前人对同伴互评量表的设计理念，笔者充分考虑初中学生的年龄特点和认知水平，在借鉴他人初中写作互评对照表的基础上，结合自身的实践经验，从篇章结构、内容、语言和综合评价四方面设计学生互评量表（见表1），让他们有模可依，有话可说，比较准确地、公平公正地对同伴的作文进行批改，在相互评改过程中切实提高自身的认知能力、社会交互能力以及文章的构建能力，无形中也提升了写作能力和学习能力。

表1 The Evaluation Sheet of Students' Peer Assessment

Structure	1. The main idea　　　　　Yes (　　) No (　　)	
	2. The arrangement and the structure Yes (　　) No (　　)	
	3. The tense　　　　　　　Yes (　　) No (　　) eg. Past simple tense → Present simple tense	
	4. The passages are divided correctly. Yes (　　) No (　　)	
Content	1. The points are complete.　Yes (　　) No (　　)	
	2. The subject-verb concord　Yes (　　) No (　　) eg. Reading books are good.→ is	
	3. Personal pronouns　　Yes (　　) No (　　) eg. You must have sports. → We	
	4. The ideas are creative.　Yes (　　) No (　　)	
Language	1. The form of the words　Yes (　　) No (　　) eg. hoter → hotter	
	2. The spelling　Yes (　　) No (　　) eg. frist → first	
	3. The structure of the sentences　Yes (　　) No (　　) eg: I very like the film. → I like the film very much.	
	4. The punctuation mark　　Yes (　　) No (　　) eg. ，→ 。	
	5. The number of the words in total is suitable. Yes (　　) No (　　)	
	6. Bright spots （1）Excellent sentences: （2）Extended words / phrases:	
General assessment	1. The writing　Good (　　) So-so (　　) Bad (　　)	
	2. Advantages:	
	3. Disadvantages:	
	4. The words I want to tell you:	
	5. Score:　　　　　　　　（Full mark is 15）	

（3）传授改评方法

由于学生以前没有接触过互评量表，而且也没有互评作文的实践经验，因此，在分发同伴互评量表之后，教师一定要详细介绍互评量表的要求，传授改评方法，指导学生根据量表进行有效的互评。教师可以首先在理论上传授批改作文的正确方法和步骤，比如：①通读全文，用统一的批改符号将文章中出现的错误逐一标出来；②再读全文，找出好词好句并进行记录；③互评量表各项评判内容要准确、中肯、具体地填写；④写出总体评价、建议以及综合评分。接着教师可提供几份不同水平的作文进行批改示范，介绍具体的填写方法，包括运用正确的批改符号进行批注，让学生真正掌握作文的评分规则。

2. 互评中借鉴学习

同伴互评是过程性写作中关键的一环，它是在自我评价的基础上，同学之间进行互相借鉴和学习的过程。自我评价和同伴互评都体现了教学以学生为主体的原则，也是提高学生写作能力和学习能力的重要途径。下面，笔者以人教版九年级英语Unit 1 Section B 3b的写作任务为例，详细阐述在初中英语教学中如何借助同伴互评的模式，切实培养学生的英语学科核心素养。

教学案例：

写作内容：人教版九年级英语Unit 1 How can we become good learners? Section B 3b Write a letter to your friend, give him/her some advice about the best ways to learn English, use your notes in 3a。

（设计意图：除了英语学科之外，也可以介绍其他学科的学习方法。学生以小组为单位，先就写作话题进行讨论，确定文章的思路后独立进行写作。每一位同学在完成写作后先进行自我修改，然后同学之间进行互评，互相借鉴和学习各自作文中的亮点，切实提高自己的写作能力，从中培养自己的逻辑性思维和批判性思维能力，提高英语学科的核心素养。）

（1）自我修改

在传统的作文批改模式影响下，大多数学生认为批改作文是老师的事，他们的任务就是完成写作，有些学生对修改自己的作品具有厌倦感。在历年的中考作文评卷过程中我们不难发现，部分学生的作文都是一次性搞定，里面出现了好多因为粗心而导致的错误，如句子首字母没大写、单词拼写错误、标点符号错误等。因此，教师要培养学生"自己写，自己改"的良好写作习惯。James

认为学生对待错误的最好方法是自我纠错，自我纠错是一种广泛培养学生反思自己的学习过程和结果的行之有效的评价方式。当学生在规定时间内完成作品后，教师可以分发给学生作文自查表（见表2），引导学生依据标准进行自我反思，自我修改，不断锤炼自己的语言，从而提高作文的质量。

表2 Self-check list

1	主旨大意切题
2	条理清晰，格式正确，内容连贯
3	要点全面，没有遗漏
4	主谓一致、人称一致、时态、语态、冠词、名词单复数等没有语法错误
5	句型、习语、固定搭配没有错误
6	单词拼写、大小写、标点没有错误

（2）同伴互评

在学生自我修改的基础上，教师应指导学生根据互评量表，以小组为单位，在小组长的协调指挥下，各小组成员之间交换作品互评。在此过程中，学生之间赏析、标记各自批改习作中优美的语句，同时依据标准指出同学文中存在的问题并给出修改意见。在学生互评时，教师对学生的评价行为不要过多干预，应尊重学生，充分发挥学生的主观能动性，引导学生独立完成评价。随后，教师引导学生根据同伴的评价意见对自己的习作进行修改，完成作文的二稿。

在传统作文教学中，教师由于必须在短时间内批改约100名学生的习作，因此批改结果往往缺乏全面性和及时性。而同伴互评正好弥补了这一缺陷，从批改结果中我们发现，每一位学生都能积极参与作文互评活动，并且对同伴的作文提出了许多宝贵的意见，如指出同学的书写需改进；建议同学不要使用涂改带；作文中要点要齐全；建议同学多注意语法知识的运用等。学生们上交的具体互评量表显示他们有着更细致的观察力，他们的关注点更加全面。并且，同龄人的建议更容易被对方所接受，不服输的心理也促使他们尽量避免错误的重复出现。通过互评，同学之间互相帮助，互相学习，共同提高，在批改的过程中不仅能学习到许多好词好句，而且促使自己避免出现相同的错误，有助于提高同学们的写作能力，教师何乐而不为呢？下面为两位学生给同学英语作文的评价结果。

同学完成的英语作文：

How I study for the P.E. test

There are many tests in Grade 9 and students should prepare for them well.

I think it's very important for everyone to do sprots. I like sprots because they're not only good for my health but also good for my study. My favorite sport is swimming. Whenever I am free, I will have a swim with my friends or my parents.

At first, P.E. is so difficult for me. In school, I have two P.E. lessons a week. I have to run about 1000 meters in every class. It's much too tiring but I think I can make it. I often go running after school. Hold the line, Nothing can defeat you. （老师最终给出12分）

批改同学1：

① 内容：要点齐全。

② 词汇：拼写错误：sprots 改为 sports。

③ 句式：人称时态：第一人称、第二人称、一般现在时；句型搭配：think sth. adj.、be important for、have a swim等合理；亮点句式：Hold the line, nothing can defeat you。

④ 规范：标点、大小写：合格；卷面书写：合格。

⑤ 字数：符合。

⑥ 总体评价：优点：语句通顺，要点齐全，字数符合，书写较工整；不足：亮点句式太少，没办法得到太高分。

评分：10分。

批改人：陈培智（我本次评了下列同学的作文：陈培宁）

批改同学2：

① 内容：要点齐全。

②词汇：拼写错误：sprots 改为 sports。

③句式：亮点句式：Hold the line, Nothing can defeat you. Nothing 改为 nothing。

④规范：标点、大小写：正确；卷面书写：不工整。

⑤字数：符合。

⑥总体评价：优点：时态正确，有亮点句式；不足：单词拼写存在错误，书写不工整。

评分：11分。

批改人：陈锦凯（我本次评了下列同学的作文：陈培宁）

这篇文章的作者选择了主题How I study for the P.E. test进行写作。从同伴互评结果我们能看出，两位参与评价的同学都能根据互评量表对该同学的作品做出恰当的评价，既指出其中的优点，如亮点句式Hold the line, nothing can defeat you。同时也比较中肯地指出该作文存在的问题，如书写不工整等。参与评价的两位同学从同伴互评活动中，既学习了别人的长处，同时挑出的问题在他们以后的写作中也可以引以为戒。被评价的同学从互评结果中既受到了鼓舞，同龄人的建议也更容易被接受。

3. 互评后总结改进

在同学互评之后，教师应对学生的修改稿进行提示性的批阅，在批阅环节，教师应该尽量发挥评价的激励作用，重点关注学生作文中的亮点以及互评中同学的独特见解。对于作文中存在的问题以及批改中不恰当的建议，教师应采用一种交流式的评语给出自己的建议，帮助学生及时总结和改进自己的写作和评价能力。比如在上文的同学互评结果中，两位参与评价学生给出了10分和11分，但最后老师给出的分数是12分。为此，教师可根据《广东省中考英语作文评分标准》向学生诠释该同学作文的得分点以及评判的依据，让学生从中明确英语写作的要领和关键所在，从总结和改进中提升自己的写作能力。

四、实践取得的效果

为期一年的英语写作互评教学取得了良好的实验效果。同学之间通过多次的同伴互评活动,分析能力有了很大的提高,作文互评能力显著提升,写作能力也得到相应的提高。下面为同一位学生提交的第一次和第二次的作文互评量表对比。

王琳同学第一次对同学英语作文的评价:

1. 内容:要点齐全。

2. 词汇:拼写错误have改为Have(要大写首字母)。

3. 句式:句型搭配:无。

   亮点句式:Practice makes perfect。

4. 规范:标点正确,卷面整洁。

5. 字数:符合。

6. 总体评价:①优点:要点齐全,适当加入别的句子,运用了谚语;②缺点:篇幅过长,过于啰唆。

满分15分,我打13分。

批改人:王琳。

老师最终给分:10.5分。

王琳同学第二次对同学英语作文的评价:

1.内容:齐全。

2.词汇:

(1)形式错误:①hate study改为hate studying;②have become改为become;③felt改为feel。

(2)拼写错误:①abe改为able;②be silent改为keep silent;③ move改为more;④primary student改为primary school student。

(3)高级词汇:① hate doing sth.;② all the time;③ after that。

3. 句式：

(1) 人称时态：无错。

(2) 句型搭配：① I fell love in study 改为 I fell in love with studying；

② But now I wasn't 改为 But now I am not。

(3) 亮点句式：but one time to my surprise。

4. 规范：标点、大小写正确。

卷面书写：稍工整。

5. 字数：符合。

6. 总体评价：①优点：要点齐全，适当扩展。

②缺点：注意单词拼写，句型、短语搭配，形式要注意。

满分15分，我打10分。

批改人：王琳。

老师最终给分：10.5分。

从王琳同学前后两次提交的互评量表我们可以看出，刚开始接触互评量表时，由于不太熟悉互评规则，她对同学的评价比较简单，评价结果也较空洞，这样的互评教学显然不利于学习能力的提升。经过教师的培训和点拨，她发现问题和分析问题的能力明显提高，互评能力明显提升，自身的写作能力也得到培养。下面是这位同学在实验之初和现在的作文比较，从中我们可以看出这位同学在写作方面取得的进步。

王琳同学第一次提交的英语作文：

How I study for the math test

There are many tests in Grade 9 and students should prepare for them well. I think math is very interesting to me. We have six maths lessons a week. And our math teacher is also very interesting. When we have the math test. I usually do a lot of exercises. To get a good grades, I think we should relax and not let our brain strain. Memorize important knowledge of math and learn how to use it. and we should do more exercise. Just like my math say: Every little helps.

（本文最终老师给出9分）

王琳同学第四次提交的英语作文：

Dear sir or madam,

 I am the manager of a company in China. My company has produced some soft quilts. I promise you will be interested in it.

 Our quilts are really soft because they are made of silk. So it's warm for people to cover with. They were made in Hangzhou. Hangzhou is known for silk. What's more, the quilts are not expensive. If you buy more, we will give you much cheaper. Our company promise that our materials are the best. I'm sure that you can like it.

 I am looking forward to you reply. Thanks.

（本文最终老师给出12.5分）

从实践的效果我们可以看出，同伴互评教学是一个发现问题和解决问题的过程，学生的英语写作积极性较以前明显提高。它既能唤起学生写作的主动性和兴趣，改变了学生对写作的畏惧和焦虑心理，同时，学生在互评中发现自身的优点，又发现别人的长处，找到自身的不足，进而反省自己作文中的问题，这对学生写作能力的提升有很大的帮助。同时，在互评过程中，学生学会自主学习，合作探究，能够主动调适学习策略，拓宽英语学习渠道，养成良好的学习习惯，提高学习效率，从而培养学习能力，促成英语学科核心素养教学目标落到实处。

五、实践反思与启示

 笔者坚持在初中英语写作教学中实施同伴互评模式，并且在实践中不断反思，不断改进，不断完善教学策略。

1. 适时指导，不断完善

 在探索同伴互评这种教学模式之初，由于学生以前没有参与互评作文的教学活动，对互评量表的细则及反馈方法掌握不到位，各小组中学生评价能力不均衡，所以刚开展互评活动时收效不是很明显，部分学生虽然热情高涨，但从上交的互评量表不难看出，他们还没有真正领悟互评作文的要求及要领，学生的写作能力得不到锻炼，学习能力当然也得不到提升。但笔者不灰心，不气馁，坚持开展写作互评教学，并在实践中不断改进和完善。首先，笔者通过查阅资料，借鉴他人的先进经验，结合实验学生的写作实际，不断完善互评量表的内容，使之既方便又实用；其次，通过多次讲解并示范修改方法、展示一些学生的优秀互评量表、个别指导等方式对学生进行培训，帮助学生熟悉作文互评的流程和规则，提高他们的互评能力，现在，学生给出的修改反馈越来越具体、越来越全面，其学习能力不断提升。

2. 科学分组，灵活调度

科学合理的小组安排有助于形成轻松愉快的学习氛围，而适时调整学习小组能保持学生的学习兴趣。因此，在互评教学活动开展之前，教师应充分了解任教班级同学的实际英语写作水平、学生的不同性格等，按"组间同质，组内异质"的原则科学安排小组，并且每隔一段时间适当调整小组成员的搭配，让学生有更多机会与更多同伴进行合作，以便有更多的收获，让自己的写作能力更全面提升。

3. 调控批改，适时指导

在互评教学活动中，教师是指挥者，学生是参与者。因此，教师应科学调控，及时跟踪学生的评价结果，进行适切指导。比如，在互评过程中，许多学生经常把精力放在挑错方面而忽视了同学作文中的亮点。这时，作为教师应指导学生在批改同伴作文时，除了找出同学作文中的错误，更应该挖掘同学作文中的优点和亮点，并且学会取长补短，逐步增加自己的词汇量和句子积累，不断提升自己的写作能力。在互评活动结束之后，教师应及时组织学生进行反思，反思自己写作中的不足，探求解决问题的策略，真正实现提高学习能力的目标。

六、结语

实践证明，在初中英语写作教学中尝试使用同伴互评教学模式，对完善传统的作文评价方式，提升学生的英语写作水平和学习能力起着非常重要的作用。它改变了传统评价模式下教师注重结果的现状，增强了学生的参与意识，提高了学生的学习热情，促进了学生的写作能力、鉴赏能力和评价能力的提高，使学生的学习能力得到充分的发展，英语学科核心素养的培养在同伴互评模式中也得以落实。

参考文献

［1］中华人民共和国教育部.义务教育英语课程标准（2011年版）［M］.北京：北京师范大学出版社，2012.

［2］Graner, M. Revision workshops: An alternative to peer editing groups［J］. English Journal，1987（3）：40–45.

［3］王翔.学生能够掌握互改技巧吗？［J］.外语教学理论与实践，2004（1）：54–56.

［4］莫俊华.同伴互评：提高大学生写作自主性［J］.解放军外国语学院报，2007（3）：35–39.

［5］张冠文.在初中英语写作教学中开展同伴互评的教学实践［J］.中小学外语教学（中学篇），2015（5）.

［6］中华人民共和国教育部.普通高中英语课程标准（2017年版）［M］.北京：人民教育出版社，2018.

［7］蒋扬，吕玲丽.初中英语写作教学中英语同伴互评模式初探［J］.基础教育外语教学研究，2018（1）：31–35.

［8］James, C. Error in Learning and Use: Exploring Error Analysis［M］. Beijing: Foreign Language Teaching and Research Press，2011.

聚焦学习能力培养的初中英语预习作业设计研究

作业是承载学习内容，体现学习方式的过程，是学科有意义学习的具体载体。预习作业是学生正式参加课堂教学之前的准备活动，也是提高学生学习能力的必要途径。本文从教师传统预习作业设计中存在的问题入手，依据英语学科核心素养的培养理念，结合人教版初中英语的具体课例，阐述了初中英语预习作业的实施原则及设计策略，聚焦学生学习能力的培养，旨在促使学生养成终身学习的习惯，为学生的可持续发展奠定基础。

一、问题的提出

完成作业是学生自主实施的，基于任务要求的学习活动。学生在理解新知识时需要以旧知识为基础，而预习无疑是完成这种知识联系的最有效途径之一。设计预习作业是初中英语教学的重要环节，是帮助学生正式参加课堂教学之前进行准备活动，也是提高学生自主学习能力的必要途径，是提高学生学科核心素养的有效途径之一。因此，预习作业设计质量的高低，直接影响着课堂教学的效果以及学生能力的培养。初中英语教师应该依据课堂教学的内容及教学目标，精心设计适切的预习作业，为促进学生的可持续发展奠定扎实的基础。

二、预习作业设计存在的问题

随着英语课程改革的不断深入，在英语学科核心素养培养的视角下，改革传统的预习作业观，设计新颖的、科学的、符合学科核心素养观念的预习作业，受到越来越多英语教育工作者的关注。在初中英语教学中如何设计适切的预习作业，值得我们探索。

笔者在调查中发现，目前初中英语预习作业的设计存在着不少弊端，主要表现为：预习作业与课堂教学不能有效对接，无助于教学目标的达成以及学生自主学习能力的培养。这种设计弊端严重阻碍了英语课堂教学的有效开展，打击了学生的学习积极性，英语学科核心素养在教学中也得不到有效提升。

1. 教师缺乏精心设计的意识

随着课程改革的深入，"先学后教"的教学模式已引起广大教育工作者的关注并被运用到教学实践中，而预习作业也在初中英语教学中被广泛使用。但笔者在调查中发现，有些英语教师设计的预习作业形式呆板，内容枯燥，要求划一，评价单一，随意性强。比如在讲授人教版九年级英语Unit 2 Section B 2b The Spirit of Christmas时，一位英语老师设计了下列预习作业：（1）Read the text.（2）Listen to the tape.（3）Read the new words.（4）Translate the text into Chinese.

显然，这位老师没有根据该语篇的教学内容设计适切的预习任务，作业的内容比较呆板，没有针对性，教师没有认真钻研教材，不能明确具体的教学目标，设计的预习作业空洞。这样的预习作业不能为接下来的课堂教学提供有效的铺垫，无助于教学目标的达成。

2. 学生缺乏自主学习的观念

有效的预习作业能激发学生的学习热情，促使学生在活动中主动探究，主动发现，主动学习。但在现实教学实践中，预习作业在设计中存在着诸多弊端，而且预习作业可操作性不强，不够具体和明确。因此，学生在预习活动中不知如何下手，他们往往敷衍了事，把英语预习作业安排在其他有具体任务的作业后面，最后因为时间不够而草草收兵。另外，在预习作业的实施过程中，教师往往缺乏具体的检查监督机制，对学生的预习作业缺乏指导和检查分析。这样，学生得过且过的学习习惯逐渐形成，对学生学习能力的培养也成为空话。

3. 作业缺乏能力培养的要素

笔者在调查中发现，一些英语教师设计的预习作业培养目标不明确，缺乏能力培养的要素，预习作业不能为学生提供一个展示自我、主动探索的空间，他们经常进行一些简单的、重复性的操练，如抄写单词、听课文录音等，学生在预习活动中只是机械地模仿，他们不能主动运用学习策略，学习渠道也得不到有效的拓宽，学习能力在预习活动中得不到有效的培养。比如在上文提到的预习作业设计中，虽然学生对课文内容有了一定的了解，但这样的预习任务不能有效培养学生的探究能力和创新意识，这样的预习作业明显缺乏学科核心素养的培养要素，而且学生的学习兴趣也得不到提高。

三、预习作业实施的理论依据和意义

1. 实施的理论依据

建构主义认为："学习不是教师向学生的传递，而是学生在一定情景下，借助包括教师和学习伙伴在内的其他人的帮助而实现建构自己知识的过程。"认知心理学家诺曼说过："我们期待学生学习，然而却很少教他们学习。我们希望学生解决问题，却很少教他们解决问题的思维策略。"因此，教师应努力创设帮助学生主动建构知识意义的学习环境，促进其自主学习能力的有效培养。灵活并且形式多样的预习作业无疑能驱动学生主动探究、主动建构知识的动力，符合新时期人才培养的理念。

心理学家研究发现，人对新事物的认识是在原有基础上的完善和提高，新知识只有归到原有的知识体系中，对原有的体系加以更新才会牢固。由此可见，在预习作业中培养学生的学习能力符合该课程标准的培养理念。《新课标》也明确指出，学习能力指学生积极运用和主动调适英语学习策略，拓宽英语学习渠道，努力提升英语学习效率的意识和能力。学习能力的培养有助于学生做好英语学习的自我管理，养成良好的学习习惯，拓宽学习渠道，提高学习效率。为此，教师应精心设计各种预习的场景，让学生在参与任务的过程中逐步启迪思维，培养自学能力和良好的学习品质，获得持续的发展。

2. 实施的意义

随着新课程改革的不断深入，"以学定教"的课堂教学模式已逐步成为有效课堂的新举措。英语预习作业是有效实施"先学后教"教学模式的重要手段。在英语课堂教学中，学生经常因为听不懂老师的教学而逐步放弃英语的学习，出现这种现象的原因主要是学生在新旧知识之间存在着"鸿沟"。新知识的学习往往需要旧知识的支撑，教师在课堂上的作用就是帮助学生跨越最近发展区，在学习新知识的同时掌握学习技能和策略。学生在课堂学习中有时出现头脑知识储备"中断"的现象。而预习作业能有效接续这个"中断"，它是有效课堂教学的前奏和铺垫。通过参与预习作业活动，学生对接下来学习内容的重难点有了一定的了解。通过自主探究，主动发现，学生独立思考和解决问题的能力得到了培养。适切性的预习作业既是顺利进行课堂教学的基本保证，又能培养学生的多元智慧，使学生的自主精神、探究能力和创新意识明显加强，使学生获得持续发展。在英语学科核心素养的培养视角下，教师应努力创设英语学习环境，鼓励学生在完成任务过程中不断实践、不断创新，进一步树立正确的英语学习观，有效规划学习时间和学习任务，不断建构知识，提高自主学习的能力。

四、预习作业的实施原则

1. 趣味性

托尔斯泰说过："成功的教学需要的不是强制，而是激发学生的兴趣。"兴趣是一种意识倾向，有了这种倾向，学生才会乐意参与学习活动。因此，教师在设计预习作业时，要充分考虑学生好奇、求新、求异的心理特征，要精心设计学生感兴趣的话题和形式，并努力提高作业的趣味性，以吸引学生的注意力，提高他们参与活动的积极性，激发他们的参与热情。趣味性的预习作业在帮助学生掌握语言知识的同时，提高了学生学习英语的兴趣，为学生的可持续发展奠定扎实的基础。教师在设计预习作业时，不要总是设计习题、背诵或抄写等枯燥的活动方式，可适当设置一些有趣味的作业，如调查访问、收集资料、观看影片等，切实提高学生的预习积极性。

2. 针对性

教师在设计预习作业时，首先要明确教学内容的重难点以及教学目标，然后有针对性地设计任务，以便有的放矢地开展活动。作业有针对性不是一句口号，要做到这一点，教师要下苦功夫，要持续关注预习作业的设计，作业要紧密结合课堂内容和生活实际，绝不做重复多余的预习。同时，对学习基础不同的学生也要布置不同层次的作业，要有针对性地让每一个孩子经过一番努力就能顺利完成任务，让每一个学生都能做到学有所得，练有所益。比如在设计人教版九年级英语Unit 2 Section B阅读语篇The Spirit of Christmas的预习作业时，笔者围绕该语篇的主题意义设计下列有针对性的预习作业（任选题）：

（1）Exercise One

① Think of some traditional festivals in China and western countries.

② Tell something about these festivals.

（2）Exercise Two

① Find out some information about Christmas, including the date, the story, the gift, the activities and so on.

② Find out the differences between the Spring Festival and Christmas.

有针对性的预习作业不但让学生有章可循，为课堂教学任务的顺利开展积累语言材料，而且任选题让不同基础的学生都能从中找到适合自己的学习任务，提高预习作业的有效性。

3. 激励性

学生通过自主或合作探究预习任务，从中体验到学英语的乐趣，获得学习英语的成功感受，但他们在心理上更希望得到老师和同学的肯定性评价。由于一些老师对预习作业缺乏及时的检查和评价，以致学生对预习作业马虎应付，敷衍了事。因此，教师要对课前的预习作业进行检查，可采取同学互评和教师评价相结合的方式，给予学生鼓励性的评价，对表现优秀的学生进行鼓励和表扬。在课堂上要留出适当的时间，让部分学生展示他们的优秀作品，从而提高学生的预习积极性，激发他们的预习兴趣。

4. 明确性

在初中英语教学中，大部分老师都会在最后环节要求学生对下节课的教学内容进行预习。但在实际操作中，部分老师没有设置明确的预习任务，以致学生认为英语预习作业是软任务，他们经常把实质性作业放在前面完成，最后因为没有时间而放弃英语的预习。为了提高预习效果，教师设计的预习作业应具体、明确，让学生有目的地进行预习，真正发挥预习在英语学习中的作用，促进学生学习能力的有效培养。

五、预习作业在培养学习能力方面的设计策略

《课程标准》指出，教师要帮助学生不断尝试各种学习策略，指导学生自我监控使用策略的情况和效果，根据需要及时调整，以提高他们的自主学习能力。因此，在初中英语预习作业的设计中，教师要充分考虑学生的年龄特点和培养目标，设计形式多样的预习作业，切实培养学生的学习能力，促进学生各项能力的全面发展，使学生在预习活动中充分体验学习的乐趣，提高他们的学习欲望。

1. 层次性预习作业，变"笼统"为"差异"

学生间的差异是客观存在的，教师设计预习作业时不仅要选择有意义的、体现学科特点的学习任务，还要为不同水平和不同能力的学生设置不同程度的作业或设置自主选择的空间，帮助各个层次的学生在完成任务的过程中增强自信心和成就感，逐步培养自主学习能力。美国心理学家华莱士指出："学生显著的个体差异就是指导质量的个体差异，在教学中必将导致学生创造能力、创造性人格的显著差异。"《课程标准》强调，教师应当坚持以学生为本，面向全体学生，关注个体差异，为学生继续学习奠定基础。在目前的英语课堂教学中，每个班级的人数较多，学生的发展也参差不齐，教师设置的预习作业如果全班统一要求，搞"一刀切"，就容易产生不完成或抄袭作业的不良现象。初中学生存在着智力水平、认知结构、学习动机和个性心理等方面的差异，他们的学习能力和英语基础不完全相同。因此，英语教师在设计预习作业时，也要承认并尊重学生的个体差异，在充分了解学生个性特点的基础上，根据不同的学生群体设计不同层次的预习作业，包括基础性预习作业、综合性预习作业、拓展性预习作业等。在分配任务时为了提高作业的完成质量，也为了学生的自尊心，教师不要明确指出哪些学生做哪类题目，而是让他们根据自身的能力自主选择不同层次的预习作业，促使学生逐步形成符合个人学习风格和需要并能

有效提高学习效率的英语学习策略。

比如在讲授人教版八年级英语下册Unit 9 Have you ever been to a museum Section B 2b的阅读材料Singapore—A Place You Will Never Forget之前，由于课文篇幅较长，好多学生在理解上有困难，甚至可能不知所云。所以，教师可尝试设计以下的层次性预习作业：

（1）Exercise One（基础性预习作业）

① Complete the form with the words from the reading.（见表1）

表1 Information

Position	Languages	Food	The zoo that is strange	Temperature

② How many reasons can you find for visiting Singapore?

（2）Exercise Two（综合性预习作业）

① Make four sentences with the present perfect tense.

② What are the reasons for visiting Singapore?

③ Write down three or more things you have learned from the passage.

（3）Exercise Three（拓展性预习作业）

Tell more about Singapore. You can discuss with your partner.

（设计意图：层次性预习作业的设计，让尖子生"吃得精"，中等生"吃得好"，又让后进生"吃得饱"。层次性预习作业能满足不同英语基础的学生需求，每个学生都能从中找到自己能完成的预习任务，从而唤起他们的学习热情，提高学习效率。）

2. 合作性预习作业，变"独斗"为"协作"

歌德曾经说过："我不应把我的作品全归功于自己的智慧，还应归功于向我提供素材的成千上万的事情和人物。"学会合作是新时代新型人才必备的能力，合作的过程是情感交流、相互学习的过程，也是思维碰撞、潜能发挥的过程。合作性预习作业的设计能够给学生提供更为广阔的交流空间，有助于学生萌发合作意识，有利于他们继续学习和自身发展。因此，教师在设计预习作业时，可根据预习内容和教学目标选择一些比较灵活的任务，通过集体或小组合作来完成，如调查活动、收集资料、话题讨论等。合作性预习作业让学生在合作中互相取长补短，充分调动每一个学生的思维，充分发挥集体智慧的力量，让学生集思广益，攻克难题，逐步学会与人合作，学会相互学习，促进全体学生共同进步。为了合作式预习作业能顺利而有效地开展，教师在设置合作性预习作业时，应充分考虑下面几个方面的问题：一是要合理组建合作小组并且适时调动。教师应根据组间同质、组内异质的原则搭配小组成员，这样有利于学生间的优势互补及相互促进，为全班各小组之间的公平竞争打好基础；二是要选择合适的合作任务。合作性的任务要难易适中，既有利于学生的思维活动，又要符合学生的认知特点，设置的任务经过学生的合作之后，就能跨越最近发展区，从而培养学生的自主学习能力；三是要选择有合作价值的预习作业。如果教师选择的作业没有任何合作价值，那么合作就是一种徒劳，既浪费学生的学习时间，又阻碍了学生自主探索能力的发展。

比如，人教版八年级英语下册Unit 3 Could you please clean your room Section B 2b的阅读语篇主要从家长的角度出发，针对学业负担日趋加重的今天，孩子是否应当承担家务劳动展开讨论。为此，教师可设计下列合作性预习作业：

（1）Work in groups. Do a survey and fill in the form.

表2　Information

name	the chores you do	the chores you don't do	the chores your parents do

（2）Discuss whether children should do chores at home or not. Get ready to show your group's ideas in front of the whole class.

（设计意图：在预习作业中设置合作性的任务，学生通过不同观点的碰撞和交流共享思维和智慧，有利于培养学生的辩证思维和发散思维，同时增强学生自主学习、共同学习的能力和沟通能力。）

3. 时代性预习作业，变"过时"为"适时"

《课程标准》指出，英语课程应根据教和学的需求提供贴近学生、贴近生活、贴近时代的英语学习资源。英语预习作业的设置只有与时代紧密结合，才能适应社会的发展要求，才能够让学生在学习过程中逐步掌握学习技巧，培养浓厚的学习兴趣，提升教学的趣味性。紧跟时代的预习作业将促使学生更加关心身边人和身边事，更加关注社会日新月异的发展，社会的文明进步将增强学生的民族自豪感和爱国热情，激励他们把更多的热情和精力投入到学习之中，在提升文化意识的同时增强自主探究和自我发现的学习能力。在现实教学中，一些英语教师总是在经验中备课，一年又一年重复着相同的教案，预习作业的内容也是老调重弹。比如有一位英语教师在讲授人教版八年级英语上册Unit 5 Section B 3a时，由于本节课的重点是学生阅读材料后写出对自己喜欢的电影的评论，因此，这位老师要求学生在课前查阅下列影片的资料并写出影评。这些电影包括:《红高粱》《霸王别姬》《卧虎藏龙》《无间道》。显然，这些电影在20世纪90年代是家喻户晓并且深受欢迎的，但对于现在的学生来说却显得那么遥远，这样的作业已跟不上时代了。这样的作业缺乏时代感，不能驱动学生的学习动力。

对于上述教学内容，笔者认为教师应该先上网查阅资料，关注近期比较热门并且深受学生喜爱的影片，然后结合教学目标设计下列预习作业：

（1）与同学合作找出《灰姑娘》《白雪公主》《美人鱼》《功夫熊猫》这些影片的一些信息，包括导演、简介、影评等。

（2）今年已上映的影片中你最喜欢哪一部？请说明理由。

（设计意图：设计一些学生喜闻乐见的、紧跟时代的预习作业更能激发学生的求知欲望，学生更乐意寻找问题的答案。具有时代气息的预习作业贴近学生的生活实际，具有很强的应用性和可操作性，学生更容易投入到其中。这将促使学生的自主学习能力持续发展。）

4. 实践性预习作业，变"书面"为"实践"

实践性预习作业就是让学生带着问题在现实生活中自主实践，自主探究，从中挖掘创新潜能，形成知识应用意识，培养学生运用知识解决实际问题的能力。实践是人类自我发现和自我创造的一种行为，实践为人类提供认识所必需的信息。实践性预习作业能帮助学生进行语言实践活动和创造性使用语言的尝试，使学生获得不同的实践体验，提高综合运用能力。《新目标》（Go for it!）这套教材在编写上注重与学生实际生活相联系，注重培养学生综合运用英语的能力。《课程标准》指出，活动的内容要尽可能接近现实生活中语言使用的实际情况，使学生能够理解和掌握目标语言项目的真实意义和用法。实践性预习作业的设置符合时代要求和新课程改革的精神，对学生的全面发展有着重要的意义。

美国教育家克莱恩说："学习的三大要素是接触，综合分析，实际参与。"实践性预习作业是学生认知能力完整发展的必然要求，也是学生全面发展的必经之路。因此，教师在设计预习作业时，应该打破以往单一的抄写形式，设计出既可以动笔完成也可以动口讨论和动手操作的作业。这样不但丰富了学生的学习方式，而且使学生的英语学习由课本知识走向课外生活的实践，大大拓展了学生学习的空间，提高了他们的英语实践能力。

比如，在教授人教版八年级英语上册Unit 8 How do you make a banana milk shake Section A的时候，因为现在好多学生对于日常一些食物的制作过程一无所知，所以这一话题对许多学生来说既陌生又新奇，为了激发学生的学习兴趣和培养他们的动手能力，教师可要求学生课前进行预习，预习内容不是阅读课文或背诵单词，而是收集制作三明治的原材料和过程，看谁的方法既方便又实用，下面是两位学生介绍的制作方法：

Student One:

Do you know how to make a sandwich? Let me tell you.

Ingredients：（1）two slices of bread；（2）lettuce；（3）beef；（4）one teaspoon of butter；（5）one teaspoon of relish.

First, put the butter on a slice of bread. Next, put a slice of beef and some lettuce on the butter. Then put the relish on the beef. Finally, put another slice of bread on the top. Now enjoy your sandwich.

Student Two:

Do you want to know how to make a great chicken sandwich? It is simple and easy. You need the ingredients, such as bread, tomatoes, relish, chicken, butter and cucumber.

　　First, put some butter on a slice of bread. Next, cut up some tomatoes and cucumber. Place them on the butter. Then put a slice of chicken on the sandwich, put some relish on the chicken. Finally, place a second slice of bread over the top. You can enjoy your sandwich now.

　　（设计意图：学生在完成预习作业的过程中，不仅接触到一些新的词汇和表达方式，掌握了三明治的具体制作方法，而且提高了实际的生活能力，激发了学习新课的好奇心。当然，教师在课前可先示范介绍一种食物的制作方法并对不同的群体进行相应的指导，以便各个层次的学生都能顺利完成预习作业。）

5. 自主性预习作业，变"客体"为"主体"

　　建构主义指导下的情境教学法强调学习者主动建构知识的意义。那么，如何设计出促进学习者主动建构知识意义的学习环境呢？自主学习设计就是其中重要的一环。情境设计不能缺少自主学习设计，否则，即便再理想的情境，意义构建也无从说起。长期以来，教师总是不辞辛苦地为学生设计"完美"的预习作业，可有时实施起来却不尽人意，这是因为好多学生在潜意识里总是被迫接受教师给他们的任务，总有一种不情愿甚至抵触的情绪，这当然也影响了预习作业的完成质量。因此，教师在设计预习作业时，可根据教学目标，在保证作业质量的基础上，改变传统的设计方法，尝试让学生参与作业的形式及内容的设计，使他们获得全新的自主学习的体验，培养主人翁的责任感，充分调动学习的积极性，大大提高学习的效率。

　　在学生参与预习作业的设计过程中，教师应从扶到放，首先让学生明确作业的范围、目标，然后以小组为单位，让学生在组长的带领下对某一话题进行预习作业的设计，最后全班挑选一份最适合的预习作业作为同学们共同完成的任务。

　　比如在讲授人教版九年级英语Unit 1 How can we become good learners Section B 2b How can you become a successful learner这一阅读语篇之前，笔者尝试让学生自主设计预习作业并取得了不错的效果。在学生自主设计之前，笔者先向学生介绍了本节课的教学目标和重难点,以便学生有章可循,有的放矢地设计适切的预习任务。下面为两组学生自主设计的优秀预习作业:

Exercise One:

(1) Look up the new words in the dictionary, and then write a sentence for each word。(见下图)

思维导图

(2) What good learning habits can you think of? Work in groups and then fill in the form(at least four good habits)。

表3　Information

name	habits	reasons	examples	results

Exercise Two:

(1) Find out the new words and write a sentence for each word.

(2) Work in groups. Find out the problems that your classmates meet in learning English, and then ask for some good advice.

(3) Collect good learning habits from some excellent students in your school

（at least six students）。

（4）You can finish the exercises as many as possible.

（设计意图：把预习作业的设计和选择权交给学生，可以充分发挥学生学习的自主性。预习作业的自主设计培养了学生的主人翁责任感，有利于激发学生主动参与的积极性，培养学生主动学习的能力，促进学生的可持续发展。自主设计的预习作业更能吸引学生的参与热情，让学生获得更多的自主空间，让他们的思维能够脱离教材甚至教师的束缚，从而学会创造性地解决问题。对学生来说，每一次的预习作业设计都是一种创造和体验全新学习感受的过程。）

六、注意的问题

1. 注意控制作业的难度

教师设计预习作业时应紧扣各单元的语言知识点和话题，并严格控制作业的难度。如果作业难度过大，那么大部分学生很难按时保质完成作业。如果难度太小，没有任何思考性和启发性，那么预习作业就失去了它的意义。

2. 注意控制作业的完成时间

设计预习作业时教师要充分估算作业完成所需的时间，不要占用学生太多的课外时间，以免加重学生的学习负担。

3. 注意变换形式，及时评价

要保持学生的学习兴趣和热情，教师应注意经常变换作业的形式，使学生完成作业时充满好奇心和求知欲。同时，对学生完成作业的情况应及时进行评价和指导，及时给予鼓励性评价，并且评价的方式应该多样化，可采取同学互评、学生自评和教师评价甚至家长评价等多种评价方式相结合的方式，让评价结果更全面，更具有代表性和说服力。

七、结语

英语预习作业的实施唤醒了学生的主体意识，提高了课堂教学的效率，激发了学生的学习兴趣和主动性，使不同层次学生的学习成绩得到提高。预习作业让所有学生都能从中体验到学习的乐趣，都能品尝到成功的喜悦。同时，在愉悦合理的情境中，学生获得英语知识的再创造，促进了积极的情感态度，培养了学生自主学习的能力，促进了学生的全面发展。实践证明，富有成效的预习作业设计给了学生一个全新的作业世界，教师将预习作业置于学生学习的整个环节，并致力于学生自主学习能力的提高，在学与教之间架设起沟通的桥梁，为导学课堂新模式奠定基础。

参考文献

［1］季平.新课程背景下教研员专业发展指南［M］.北京：教育科学出版社，2014.

［2］中华人民共和国教育部.义务教育英语课程标准（2011年版）［M］.北京：北京师范大学出版社，2012.

［3］中华人民共和国教育部.普通高中英语课程标准（2017年版）［M］.北京：人民教育出版社，2018.

［4］张仁贤，傅建国，于建文.创新作业33例［M］.北京：世界知识出版社，2016：31-32.

旨在提升学习能力的初三英语话题式复习课教学实践与思考

初三英语复习课不仅是整个初中阶段所学英语知识系统化的过程，而且也是培养学生思维品质，提高学生语言运用能力的过程，更是发展学生学习能力的过程。本文从学校目前初三英语复习课的现状入手，提出运用话题整合的复习模式。以health话题为例，围绕话题，对知识和能力进行整合复习和训练，通过创设情境情趣，精设活动导学，整合知能促用，拓展语篇训练，帮助学生巩固所学语言知识，提升其学习能力，促进英语学科核心素养教学目标在教学中全面落实。

在核心素养视角下，广东省中考英语试卷的命题越来越注重考查学生的学习能力，比如考查学生在实际语境中的观察能力、注意能力、理解能力、概括能力、语言综合应用能力等。因此，初三英语科的复习应该与时俱进，教师要克服传统的初三中考英语复习模式存在的重知识传授、轻能力培养等问题，也就是说，除了对整个初中阶段所学英语知识进行系统化的复习、巩固，还要努力提高学生的语言运用能力，培养学生的各种思维品质，不断提升学生的学习能力，促进学生的可持续发展。

一、研究背景

1. 复习课现状调查

纵观2018年广东省中考英语试题我们不难发现，现在不论对语法知识、词汇和短语的考查，还是对阅读理解和信息归纳的考查，都非常注重知识在具体语境中的应用，对学生的学习能力提出了更高的要求。比如，在单项选择题中，通过设置多元化的话题语境全方位考查学生的知识和能力：在科技与创新语境中，考查and的用法；在环境改善的语境中，考查has done的用法；在动物保护的语境中，考查be done的用法等。因此，为了适应考试的要求和变化，也为了更好地提高初三英语复习课的质量，教师必须抓紧有限的复习时间，改变教学策略，帮助学生提高学习能力，切实提高复习效果，养成良好的学科素养。

在核心素养视角下，在英语复习课中为了切实提升学生的学习能力，笔者通过微信对学校往届的45名学生进行了问卷调查，重点研究分析以前学校英语科复习课存在的问题以及以往学生对此的态度和看法，以期改进教学方法并实施更适切的复习课教学策略，更好地激发学生的学习热情，提高学生的学习兴趣，激发学生学习的主动性，从而在提高复习实效性的同时，不断提升学生的学习能力，为学生的可持续发展奠定扎实的基础。下面为对学校以往的英语复习方式的调查结果（见图1）。

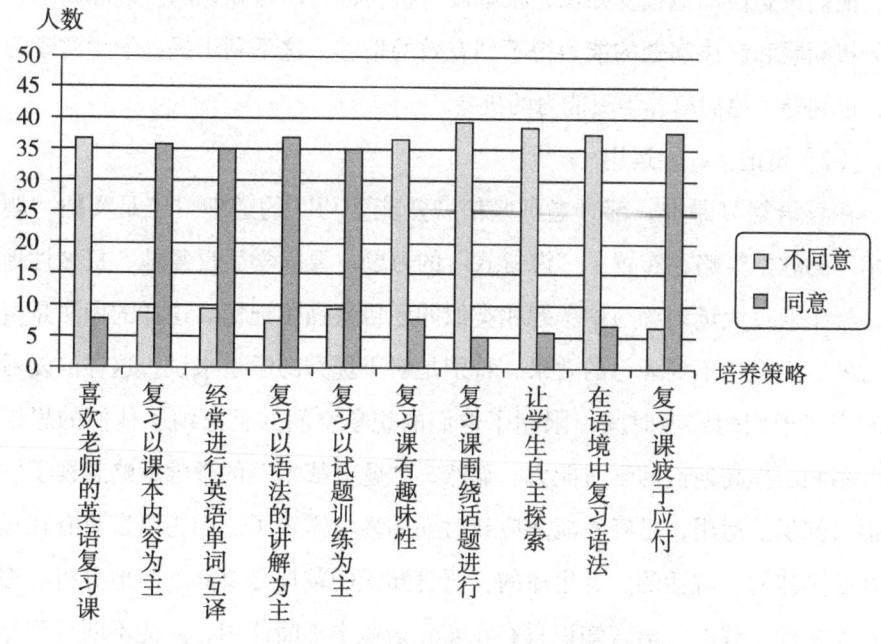

图1 对学校以往的英语复习方式的调查结果

2. 以往复习课存在的问题及不良影响

从问卷调查结果可以看出，受传统中考英语复习模式的影响，许多教师的复习课不注重知识之间的内在联系，缺乏整体布局，教学内容零碎分散，导致课堂上学生疲于应付，学习兴趣低下，既费时费力，又不利于培养学生的学习能力，阻碍了学生英语学科核心素养的养成，影响了学生的可持续发展。主要表现在：

（1）重灌输，轻能力

初三最后阶段的英语复习时间大概有90多天，要复习从初一至初三的所有英语语言知识，内容繁多并且复杂。时间紧而任务重，很多教师为了完成复习教学任务，他们每一节课基本上都精心准备了详细的复习材料，直接以PPT或板书的形式呈现给学生，然后争分夺秒地进行讲解分析，并且在讲解过程中，教师有时借助典型选择题或翻译句子对知识加以分析和巩固。整个复习过程，教师有时在课堂上滔滔不绝，不断向学生灌输知识，而学生忙于记录老师所讲的知识点和配套例题。这样，学生没有思考和探索的时间，没有自主学习的机会，他们只是被动地接受知识，根本没有机会进行语言知识的发现和归纳，他们分析问题和解决问题的能力得不到有效的培养，这不利于提高学生的学习兴趣，也剥夺了他们培养学习能力的机会。

（2）重记忆，轻运用

在英语复习课中，部分老师坚信"熟能生巧"的道理，于是实施"题海战术"的教学策略，布置了"海量式"的习题，要求学生反复地、机械性地操练，学生通过大量训练与中考题相类似的题目来强化记忆。这样的做法是费时费力的，而且达不到理想的效果，特别是对于优秀的学生来说，这样的复习方式剥夺了他们的思考时间，限制了他们的想象空间并且束缚了他们的思维发展，不利于提高他们的学习能力。显然，"题海战术"的教学策略忽视了学生对语言知识的运用，已经不能适应新时期的教学需要了。因为语言只有在运用中才是具体的、鲜活的、有生命的，语言知识的掌握是要靠不断地分析、理解和运用才能实现的，语言知识只有在实际语境中不断使用，才能不断得到充实和巩固，才能逐步转化为语言能力；只有在语境中才能培养和训练学生的学习技能，提升学习能力。

(3) 重分类，轻整合

中考考查的内容涉及面广、知识点多而且综合性较强，于是有些教师在复习时依照初中英语教材的编排顺序，对初一到初三课本的每一个单元进行复习，他们恨不得把教材中所有的知识内容都复习一遍，担心遗漏某个知识点。而学生同样对照每一个单元、每一册书的单词和句型进行背诵。有一些教师按照《中考考纲》里面建议的14个语法项目，从名词开始到主从复合句，逐个进行复习讲解并让学生熟记一些语法规则。显然，这样的复习课以功能分割为取向，往往把语法知识、单词、短语以及听、说、读、写等技能分割开来，不注重知识之间的内在联系，复习内容零碎分散，综合性不强，同时也不够重视语言的综合实践能力。这样的复习模式以简单的重复为途径，导致了学生在语言知识的掌握以及语言技能的发展上缺乏协调性，尤其在阅读和书面表达方面效果尤为不理想。

鉴于目前初三英语复习课中存在的问题，笔者尝试使用话题式的复习课教学模式。话题式复习模式就是选择一个中心话题，教师引导学生从教材中进行有效的筛选、归纳和整合，将初中英语教材中与本话题相关的内容进行整合，以话题引出词汇、以功能带出结构、以结构带出语法、以任务促动运用，将语法结构有机地融入其中，形成纵横联系、层层递进的知识网络，从而使学生整体把握某一特定主题下的各个知识点，并感受不同领域之间的彼此联系，再通过一次次的重现、整理、归纳，进行听、说、读、写各项语言技能的训练，提升自主学习能力，获得可持续发展。

二、初三英语话题式复习课提升学习能力的内涵

1. 话题式复习课提升学习能力的理论基础

《课程标准》指出，教师要善于结合实际，要灵活地和有创造性地使用教材，对教材的内容、编排顺序、教学方法等进行适当的取舍和调整。人教版《Go for it!》这套英语教材严格遵循《课程标准》的教育理念和培养目标，以"话题—功能—结构—任务"为基本思路，以"人的全面发展"为主线，从

"人与自我""人与社会""人与自然"的关系角度进行编写和设计，其话题涵盖了学生生活的方方面面，多方位、分层次渗透，使学生在获得知识与技能的过程中，成为学习的主人并提高英语学科的核心素养。因此，以话题为中心的复习模式符合现行教材的编排特点。

《2019年广东省初中学业水平考试英语教学大纲》把涉及考试的内容分割成24个话题项目，由此我们可以看出，围绕话题对相关教学内容进行有机整合也符合新时期中考的要求。

针对英语教学中存在的教学内容碎片化现象和为考试而教等突出问题，《新课标》提出了由主题语境、语篇类型、语言知识、文化知识、语言技能和学习策略等六要素构成的课程内容以及英语学习活动观。具体而言，指向学生学科核心素养的英语教学应以主题意义为引领，以语篇为依托，整合语言知识、文化知识、语言技能和学习策略的学习内容，创设具有综合性、关联性和实践性的英语学习活动，确保语言能力、文化意识、思维品质和学习能力的同步提升。

因此，笔者根据教学内容、《中考考纲》和《课程标准》的要求精心设计，把《中考考纲》规定的24个话题整合成为12个话题，然后对应《新课标》提出的"人与自我""人与社会""人与自然"三大主题语境进行筛选、分类、整合，使各种语言知识条理化、系统化，使复习有的放矢，化繁为简，化难为易，让学生更容易接受，促使他们成为教学的热情支持者和合作者，更加全身心地投入到学习当中，把复习当作一个愉快的情感体验过程，准确地掌握知识，提升学习能力，培养终生学习的能力。

2. 话题式复习模式的运用意义

围绕某一特定话题开展的探究式学习活动，不仅可以帮助学生增长知识，还可以更好地提升学生的自主学习能力，并让学生感受到不同领域之间的联系，从而获得某一主题下的整体认知。话题式复习模式以话题为牵引，将与本话题相关的语言知识和语言技能进行有机整合。这种复习模式能有效避免传统"题海战术"以及教师"一言堂"的弊端，改变了教学内容零碎分散的杂乱局面；能让学生亲身经历知识梳理、实践运用、自主建构，在头脑中形成一个清晰的语言知识网络，知识之间层级连接更自然顺畅，内容要点更全面，知识体系更完整，使学生在课堂复习教学中的思路更加清晰，促使学生对所学知识体系进行全方位的查漏和补缺，实现初三英语总复习的高质和高效；学生在具关联性、综合性、实践性的活动中，逐步培养自主学习和合作学习的能力，不但掌握了语言知识和学习技能，促进知识向能力的转化，学生的学习技能得到了有效的提升，而且也培养了思维品质、文化意识和创新能力，提高了学生的语言运用能力；在教师的引导下，学生的学习积极性也被充分调动起来，他们接受了信息，加工了信息，交流了信息，成为课堂学习的主人，在课堂中发挥了主体作用，他们主动与同伴进行合作、探究，快乐地复习知识，发展能力。

3. 话题式复习模式的设计原则

（1）整合教材原则

话题式复习课不是对初中三年所有已学过的英语知识进行重复呈现，而是选择一个合适的话题，以话题为载体，以重现、整理、归纳的方式，围绕本话题将初中三年英语课本中所涉及的语法、句法结构有机地融合，建立了各种知识之间的联系，同时进行各项语言技能的训练。通过整合教材，把语言知识结构化，避免了杂乱琐碎教学活动的堆积，让学生在参与活动中掌握语言知识，激发学习兴趣，提高学习能力，增强英语复习课的实效性。

（2）培养能力原则

以话题为主线的初三英语复习课不仅帮助学生重现和巩固语言知识，更重要的是依托相关话题和语言知识培养学生的学习技能，提高学习能力，为终身发展奠定扎实的基础。在话题式复习课中，教师应发挥学生的主体作用，将课堂还给学生，让学生自主参与到语言知识的整理和归纳中。学生通过亲身经历和自主建构知识、实践应用，激发学习英语的内驱力，树立正确的英语学习观，做好英语学习的自我管理，养成良好的学习习惯，拓宽学习英语的渠道，在活动中不断地把语言知识转化为语用能力，从而提高学习效率，促进自身的可持续发展。

（3）运用知识原则

"用"不仅是语言学习的方法，更是语言学习的归属。只有不断运用，语言知识才能不断充实、巩固，并转化为语言能力乃至语言素养。在初三英语复习课中，教师应避免纯讲解的教学模式或"海量式"的机械训练方式，应该精心创设与话题相关的语境，让学生在实际语境中学习并了解语法知识及句子结构。通过参与有意义的语言表达和交流活动，学生可以在听、说、读、看、写等语言交际实践中灵活运用所学知识，培养语感和提高语言综合运用能力，进一步明确学习目标，加速知识的内化过程，反思和调整自己的学习内容和进程，保持学习英语的兴趣，提高英语学习的效率。

4.话题式复习课的设计理念

在话题式复习课的教学设计中，教师以话题为载体，分析研究初中教材的内容、文化内涵以及知识体系，对教材进行挖掘和整合，创造性地重组教材。通过话题的引领，使语言知识网络化、系统化。同时，通过创设相关的语境，培养学生的语言运用能力及语言技能，不断提升学习能力，从而提高复习课的效率。

（1）基于话题，合理整合

人教版英语教材《Go for it!》的编写是以话题为主线，采用任务型语言教学模式，兼顾语言交际功能和语言知识结构的学习，以一种循序渐进的生活化的学习程序，引导学生学会用英语有目的地做事情。但这套教材的各个单元之间在内容上没有紧密联系，如果教师按传统的方式对每一个单元进行复习，就会显得零碎散乱。纵观整套教材各个单元内容，教师就会发现，某些单元之间、册与册之间实际上存在着某些关联。于是教师可以结合初中人教版英语《Go for it!》教材的编排特点，以《课程标准》中24个话题项目中的五级目标为依据，根据教学实际整合为12个话题，然后再依据《新课标》中包含的"人与自我""人与社会""人与自然"三大主题语境把它们分类整合成为三大类。经过这样的整合，复习课知识结构更加系统化，更有关联性。比如，人教版英语八年级下册Unit 1 What's the matter谈论了健康问题并给出了适当的建议，让学生在掌握生活常识的同时领悟到身体健康的重要性；而九年级Unit 11 Sad movies make me cry主要介绍有关情绪的问题，本单元在帮助学生了解不同情景对人们情绪影响的同时，培养了学生乐观对待生活，保持积极向上的正确人生观。依据话题对教材内容进行整合的过程也是引导学生在具体的语境中进行合作、探究，梳理出完整语法知识体系的过程，培养了学生的参与意识，提升了学习能力。

下面（见下表）为笔者依据"人与自我""人与社会""人与自然"三大主题语境对《中考考纲》24个话题进行整合后的话题项目表。

广东省中考英语话题项目表

Subject	Topic	Grammar	Function	Related units
人与自我	my school	名词	1. people around you 2. school subjects 3. jobs 4. learning activities 5. daily routine	7A Unit 9, 7B Unit 6, 7B Unit 4
	introduction	形容词和副词	1. getting to know you 2. interpersonal relationships 3. introducing something 4. interests and hobbies	7A Unit 1, 7A Unit 2, 7A Unit 5, 7A Unit 6, 7B Unit 1, 7B Unit 9, 7B Unit 12, 8A Unit 2, 8A Unit 3, 8A Unit 9, 8B Unit 2, 8B Unit 3, 8B Unit 4, 8B Unit 5 9年Unit 4, 9年Unit 7, 9年Unit 10
	countries and people	介词	1. countries and languages 2. places of interest 3. getting and asking directions 4. location 5. living environment	7A Unit 3, 7A Unit 4, 7B Unit 8, 8A Unit 4, 8B Unit 10, 9年Unit 1, 9年Unit 8
人与社会	health	情态动词	1. body parts 2. eating habits 3. emotions 4. illness	8B Unit 1, 9年Unit 11
	numbers in our life	数词	1. dates of festivals, holidays and celebrations 2. numbers in our daily life	7A Unit 8, 7B Unit 2
	shopping	连词	1. shopping plan 2. in a shop（size, color, price, material, service and quality）	7A Unit 7, 7B Unit 10, 9年Unit 3

续 表

Subject	Topic	Grammar	Function	Related units
人与社会	sports and entertainments	不定式	1. sports 2. entertainment 3. plans 4. intentions（意图）	8A Unit 5, 8A Unit 6, 8A Unit 10, 8B Unit 1, 9年Unit 9
	a visit to Hong Kong	动词和时态	1. kinds of transportation 2. distance 4. safety rules and warnings 5. making reservations（预订） 6. travel activities	7B Unit 8, 7B Unit 11, 7B Unit 12, 8B Unit 9
	inventions	被动语态	1. popular science and modern technology（kinds, time, inventor, usages） 2. literature and art	8A Unit 7, 8B Unit 6, 8B Unit 8, 9年Unit 5, 9年Unit 6, 9年Unit 14
	holidays and celebrations	句子种类	1. ways to celebrate festivals and holidays 2. kinds of festivals and holidays 3. food and drinks 4. wishes and congratulations	8A Unit 1, 8A Unit 8, 9年Unit 2, 9年Unit 12
人与自然	animals and environment	代词和冠词	1. animals 2. habitats 3. getting along with animals 4. disasters	7B Unit 5, 8B Unit 7, 9年Unit 13
	weather	复合句和主谓一致	1. describing weather 2. understanding weather reports 3. dressing for the weather 4. activities in different weather conditions	7B Unit 7

（2）关注能力，适度拓展

在话题式复习课的设计过程中，教师在关注课本语言知识点的同时，更应该重视学生的长期发展，即提高学生的学习能力，使学生获得可持续发展的能力。在整合后的12个话题中，我们可以发现有些话题呈现的是社会发展前沿的信息，而教材的编写又有滞后性，不能最大限度地满足学生的学习需要。因此，教师在设计任务时，可联系当前热点、焦点的语言材料，对这些话题进行适度地拓展训练，形式可以为阅读理解、短文填空或写作任务等。比如在复习health话题时，教师可结合国家倡导的"科学防控近视，关爱孩子眼健康"的活动，引导学生通过阅读、写作等学习活动，加深对该话题的认识。这些具有时代感、现实感的拓展活动能够让学生有感而发，有话可说，学生在真实情景中完成任务，能够把语言知识和语言结构内化为语言能力，培养了学习技能，提高了综合运用语言的能力，切实提升了学习能力。

三、话题式复习课的教学实践

在话题式复习教学中，明确了话题之后，教师要围绕话题精心设计学习活动，引导学生以话题为依托，对语言知识进行总结归纳和复习巩固。下面笔者以health这一话题为例，谈谈在初三英语复习课中如何围绕话题进行教材整合，在帮助学生梳理和巩固语言知识的同时提升学生的学习能力。

1. 思维导图编织网络，创新学习方式

思维导图（mind map）是20世纪60年代英国人东尼·博赞创造的脑力开发的高效学习工具。思维导图中主题词和关键词是记忆的激发器，每个激发器都起到揭示事实、思想和信息的关键作用。思维导图运用图文并重的技巧，把各级主题的关系用相互隶属与相关的层级图表现出来，把主题关键词与图像、颜色等建立记忆链接。对于词汇和短语的复习，许多教师采用的还是听写的复习方式，过去是教师读汉语学生写英文，现在是教师借助课件呈现汉语，然后学生写英文。对于这种"换新鞋走老路"的复习方式，学生的学习积极性难以被调动起来，他们虽然花费大量的时间去背诵单词，但结果却是记得快忘得也快。因此，在初三英语话题式复习课中，教师应该创新学习方式，可以借助思维导图，呈现主题词和关键词，采用头脑风暴的形式，在教师的组织下，学生围绕思维导图进行小组合作探究，输出相关的信息。在此过程中，教师可以引导学生对与话题相关的词汇、短语以及结构进行有机整合，将这些相关的语言知识进行合理归纳，借助思维导图建构话题，形成相关的知识网络，使思维导图真正成为促进学生建构知识网络的学习地图。这样的复习方式可以帮助学生激活旧知识，激发其学习和求知欲望，提高学习兴趣，还提高了学生的分析和归纳能力，提高了学习能力和学习效率。下面为学生借助思维导图整理出的与health话题相关的知识网络图（见图2）。

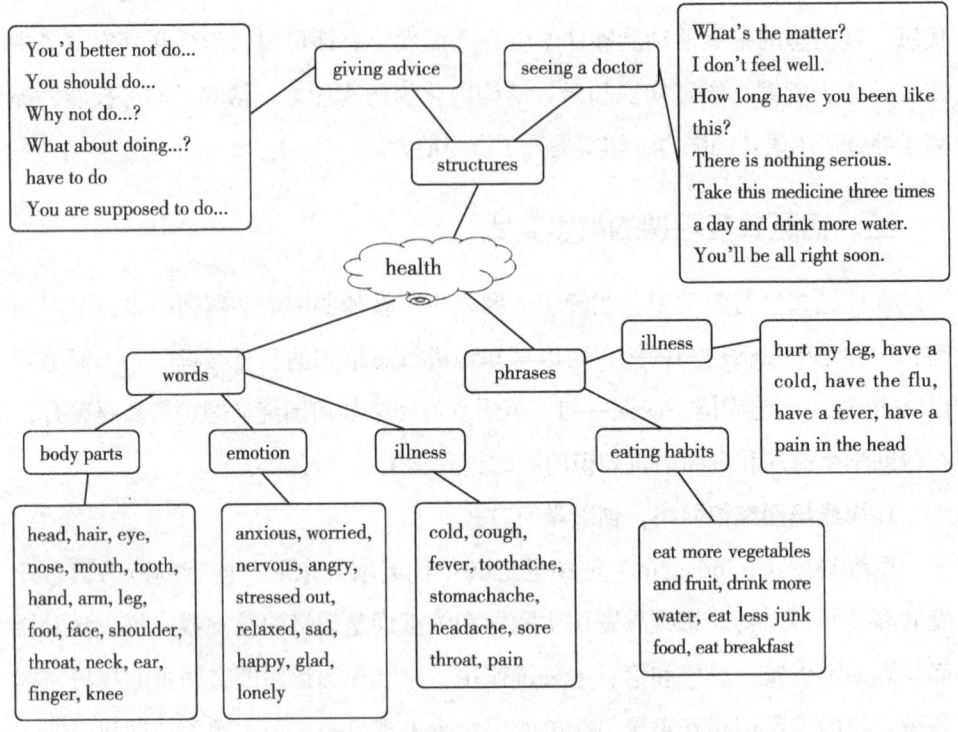

图2　与health话题相关的知识网络图

（设计意图：教师利用思维导图，把梳理知识的主动权交还给学生，让学生有针对性地围绕话题对教材内容进行有机整合，激发他们强烈的求知欲望和学习英语的热情，使其成为学习的主体。而学生借助思维导图梳理词汇、短语以及句子结构，在自主参与的过程中复习巩固了旧知识，也培养了自主学习的能力。）

2. 真实语境梳理语法，调适学习策略

在复习课中，由于语法知识是学生已经学过的，教师此时再重复讲解语法规则没有多大的意义了，而且学生对此也没有新鲜感，只是被动地配合、接受知识，他们容易产生疲劳和厌倦心理。因此，教师应该将语法知识和具体语境

有机结合起来，主动改变学习策略，引导学生在真实语境中寻找和发现语法规律，通过感知、获取、分析、概括、比较等思维活动，自己建构语法知识，并且学会准确、恰当地运用语法知识，实现从"知识本位"向"能力本位"的转变。

比如在上文的复习话题中，笔者首先在引导学生激活旧知识的基础上，结合当时的热门话题——保护学生视力，精心挑选了下列的阅读材料，让学生从真实语境中寻找含有情态动词的句子并归纳其用法。然后再借助思维导图，引导学生以小组合作的方式梳理语法知识，共同建构语法知识网络，充分发挥学生的主体作用。

Which part of the world may have the most nearsighted （近视的）students? Just look around you—it may be East Asia. Nine in ten school students in major East Asia cities are nearsighted. So it must be paid attention to by us.

People become nearsighted because their eyeballs grow out of shape and light entering their eyes cannot focus correctly. The body can produce a chemical called dopamine（多巴胺）to stop eyeballs from changing shape. Scientists have discovered that sunlight can help our bodies produce more dopamine.

Can primary school students in Singapore be less nearsighted? It can't be true. According to the study, they spend only 30 minutes outdoors every day. However, in Australia, the schools require that kids need to spend about three hours a day outside. As a result, fewer children in Australia are nearsighted—only 10 percent, compared with 90 percent in the East Asia.

Experts suggest children should stay outside for two to three hours every day. This can include time spent on the playground and walking to and from school.

下面为学生合作梳理后归纳的与本话题相关的语法知识网络（见图3）。

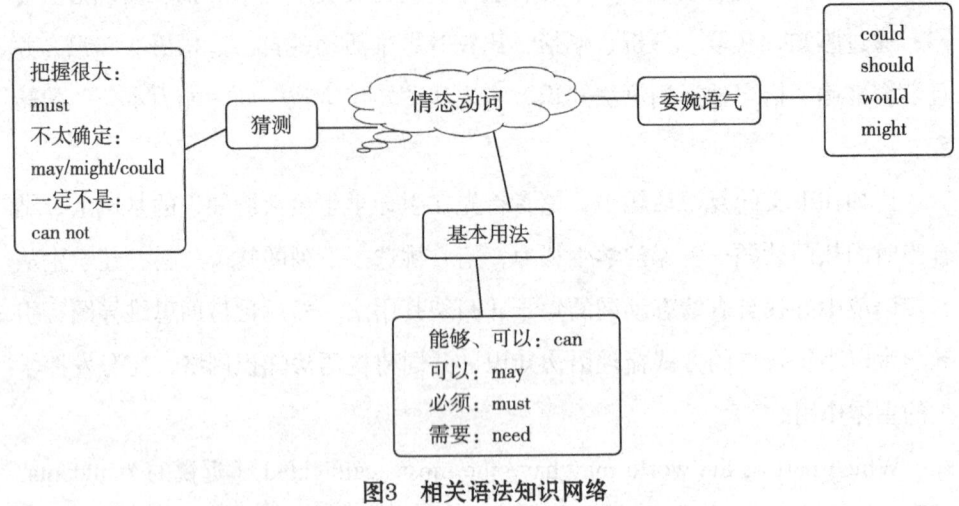

图3 相关语法知识网络

（设计意图：在语法知识的复习环节设置学生熟悉的语境，让语法知识的复习与真实情境有机结合，有利于提高学生的学习热情。同时，学生通过合作学习的方式，自主探究、自主发现、自主归纳语法规律，这样一个知识不断生成、不断建构、具有创造性的过程要比教师纯讲解的授课方式更受学生欢迎，更让学生学会准确、恰当地运用语言，提高学生的综合语言运用能力，提升他们的学习能力，促进学生学科素养的养成，有利于学生的可持续发展。）

3. 实践应用训练技能，拓宽学习渠道

以话题为主线的复习课不仅要求学生掌握相关的语言知识，而且要求学生通过听力、阅读和写作等多种渠道进行实践应用，训练听、说、读、看、写等基本技能，从而提升学习能力。

听、说、读、看、写是英语学习的五项基本技能，它们相互联系，相互影响，相互促进。听、读、看是理解性技能，说和写是表达性技能。听是学习英语的基础，是获取语言感受最主要的途径之一，只有从听入手，才能逐步提高学生的说、读、看、写的能力。然而，在实际生活中，由于听是有声无形的，加上文化背景、语言习惯、思维方式的不同，学生容易产生紧张、畏惧的心理，甚至是抗拒心理，使听力成为一些学生的弱项。因此，教师应该紧扣复习的相关话题，设置与话题有关的听力材料，让学生多方面、多途径进行实际操练，在"听"中运用相关语言知识，同时提高"听"的能力。语言的交流离不开"说"，培养"说"的技能是非常重要的。教师应该根据相关的话题、语法知识，创设良好的语言环境，让学生在课堂上用英语去思维，用英语去回答问题、去交流表达、去讨论争论，即主动并乐于用英语表达话题的相关信息，提高口语交际能力。"读"能让学生开阔视野，增长见识。在英语测试中阅读所占的比重比较大，不管是完形填空、短文填空，还是阅读理解，都要求学生有很好的英语阅读能力。因此，教师可以通过补充相关话题的英语材料进行专项练习，让学生在阅读中梳理文章结构，记录有用信息，训练阅读策略，养成阅读习惯，进一步运用话题相关知识，提高阅读技能。"看"是指理解多模态语篇的技能。在当今借助新媒体的读图时代，"看"是对原有四项技能的合理补充。"写"的能力高低是衡量学生英语综合能力高低的标准，也是培养学生创造性思维能力以及提高综合语言能力的重要训练方式，教师应该结合话题，在复习过程中不断帮助学生建构知识，为写作任务搭建语言支架，最终实现基于话题的思想碰撞与心灵交流的动态的语言生成，促使语言知识向学习能力转化、语用知识向语用能力的转变，提高写作技巧，切实提高学生的语言表达能力。

比如，在复习课拓展任务阶段，教师可结合上面介绍视力情况的语篇，要求学生依托已搭建的语言支架进行写作，内容如下：

根据国家卫生健康委在2018年6月举行的专题新闻发布会消息，我国近视人数已超过4.5亿，居世界首位，其中近视高发年龄段为青少年阶段。近视不是一种正常状态，而是影响人类健康的三大疾病之一。因此造成人们离开眼镜就无法正常生活，重则造成视觉能力退化，引发各种眼疾。你近视吗？你认为近视给我们的生活学习带来什么不便？请你就此写一篇题为How to protect our eyesight的短文，谈谈你的看法。

（设计意图：在复习课中围绕话题进行听、说、读、看、写等语言技能的训练，避免了传统复习模式中忽视语言综合实践能力的弊端，也避免了语言学习的空洞和单调，激发了学生的学习兴趣，同时又体现了语言的实践性原则，培养了语言运用的综合能力。）

四、教学思考

通过教学实践，笔者切身感受到话题式英语复习课能充分激发学生学习英语的兴趣，培养他们学习的积极态度，创新学习方式，调适学习策略，拓宽学习渠道，养成良好的学习习惯，学生在情感态度、词汇掌握、语言技能等方面取得了进步，从而促进了学习能力的培养和提高，学生的学科核心素养在复习活动中也得以养成。在实践过程中笔者有下面几点思考。

1. 采用合作备考的方式，实现资源共享，共同进步

在现实复习教学中，许多教师还是墨守成规。一方面是由于他们担心改革复习方式会影响学生的考试成绩，另一方面是由于对教材的整合以及设计与话题相关联的拓展任务需要花费大量的时间和精力。因此，在核心素养视角下，适应新时期课程标准的要求，及时更新自己的教学观念，设计出既能提高学习成绩又能提升学习能力的复习方式，这对许多教师来说是一大挑战。笔者建议同科级的教师在一起研究复习内容，制订复习计划，在确定教学策略的基础上进行交流讨论，各抒己见，集思广益，出谋划策，齐心协力进行话题式复习课的教材整合以及配套拓展任务的设计，形成一套完整且实用的话题复习教学设计。这样，既可以促进信息沟通，节省教师的时间和精力，实现资源共享，凝聚集体智慧，保证复习的顺利进行，也可以提升教学效率，提高学生的学习能力，促进学生的可持续发展。

2. 提倡合作学习，让学生成为学习的主体

《课程标准》强调，要改变学生的学习方式，倡导、建立具有主动参与，乐于探究，交流与合作特征的学习方式。所以，在英语学科的复习课中，教师要对学生进行合理的组合和分工，创造良好的学习环境，让学生有更多的机会表达自己的观点，倾听他人的想法，学会合作，学会交流，学会求助，学会吸纳，学会完善自我。在合作学习的过程中，学生不再是被动地去接受知识，而是既动口、动手又动脑，成为学习的积极参与者、探究者。同学之间的相互启发，相互学习，促进其共同进步，学生可以不断体验成功的喜悦，养成良好的学习习惯，提升学习能力。

3. 重视学生的基础知识的同时，关注学生学习能力的培养

中考是由两部分组成的。一是语言元素，即词汇、语法；二是语用元素，即言语行为、语篇语境。所以说，中考既考查语言基础知识，又考查综合能力。因此，教师既应该考虑考试的要求，又要立足学生的长期发展，合理安排课堂复习时间，关注学生的学习动态，引导学生将学习内容与自己的经验知识联系起来，在真切的体验与感悟中掌握一定的语言基础知识。教师要促使学生学以致用，在观看视频、听录音、阅读材料等课堂活动中，培养他们的观察、理解、记忆、想象等思维品质，引导学生培养良好的学习习惯，形成有效的学习策略，训练听、说、读、看、写等技能，提高语言综合运用能力，促进学习能力的发展，真正实现复习课的高效性。

4. 在关注学习能力的同时，关注语言能力、思维品质和文化意识

英语学科核心素养四个维度是我国学科育人价值的集中体现，它们互相渗透，相辅相成，相互促进。学习能力是构成英语学科核心素养的发展条件，有利于提高学生的学习兴趣，挖掘学生的学习潜能，增强学习信心，培养良好的学习习惯，激发其求知的欲望，培养其思维能力，提高其主动创造的能力和语言表达能力，从而提升学生的国际理解水平，促使他们形成积极的情感和正确的价值观，形成终身学习的能力，以便更好地适应未来社会的发展。反过来，其他三个维度的培养也有助于学习能力的提高。因此，在话题式复习课中，教师在关注学生学习能力的同时，也要关注核心素养教学目标在教学中的全面落实。

五、结语

美国教育家苏娜丹·戴克说过："告诉我，我会忘记；做给我看，我会记住；让我参加，我就会完全理解。"全面提升学生的学习能力是核心素养视角下英语教学的要求，话题式英语复习模式要求教师整体把握教材，科学组织话题，在有机融合技能训练的基础上，创设自主学习空间，激发学生学习的积极性，引导学生在合作学习中独立思考，自主探索，勇于实践，真正成为学习的主人，真正实现知识与能力同步提升的高效复习效果，让不同层次的学生学有所成，学有所取，学有所用。

参考文献

［1］中华人民共和国教育部.普通高中英语课程标准（2017年版）［M］.北京：人民教育出版社，2018.

［2］中华人民共和国教育部.义务教育英语课程标准（2011年版）［M］.北京：北京师范大学出版社，2012.

［3］周薇.主题式初中英语单元复习课的实践与思考［J］.中小学英语教学与研究，2019（1）：60-64.

［4］陈轿玲.思维导图在高中英语文本解读中的运用［J］.中学外语教与学，2015（1）.

［5］卞学华，覃丽.指向学习能力提升的高三英语复习教学实践［J］.中小学英语教学与研究，2018（10）：61.